EDITORA DO CONHECIMENTO

Auxiliando a humanidade a encontrar a Verdade

Face a Face com Ramatís

Face a Face com Ramatís

Ramatís / Hercílio Maes
Organizado por Mariléa de Castro

Todos os direitos desta edição reservados à
CONHECIMENTO EDITORIAL LTDA.
Rua Prof. Paulo Chaves, 276 - Vila Teixeira Marques
CEP 13480-970 — Limeira — SP
Fone/Fax: 19 3451-5440
www.edconhecimento.com.br
vendas@edconhecimento.com.br

Organização: Mariléa de Castro
Projeto gráfico: Sérgio Carvalho
Ilustração da capa: Banco de imagens
ISBN 978-65-5727-075-2
2a edição — 2020
• Impresso no Brasil • Presita en Brazilo

Produzido no departamento gráfico da
Conhecimento Editorial Ltda
graficac@edconhecimento.com.br

Dados Internacionais de Catalogação na Publicação (CIP)
(Angélica Ilacqua CRB-8 / 7057)

Ramatís, (Espírito)
Face a Face com Ramatís / Hercílio Maes ; [organização Mariléa de Castro] — Limeira, SP : 2a ed. Editora do Conhecimento, 2020.
230 p.

ISBN 978-65-5727-075-2

1. Espiritismo 2. Mediunidade 3. Psicografia 4. Ramatís (espírito) I. Título II. Hercílio Maes, 1913-1993 III Castro, Mariléa de.

16-0158 CDD - 133.93

Índices para catálogo sistemático:
1. Mensagens psicografadas : Espiritismo

Ramatís

Face a Face com Ramatís

Organizado por

Mariléa de Castro

2ª edição
2020

EDITORA DO CONHECIMENTO

Obras de Ramatís editadas pela **EDITORA DO CONHECIMENTO**

HERCÍLIO MAES

- A Vida no Planeta Marte e os Discos Voadores – 1955
- Mensagens do Astral – 1956
- A Vida Além da Sepultura – 1957
- A Sobrevivência do Espírito – 1958
- Fisiologia da Alma – 1959
- Mediunismo – 1960
- Mediunidade de Cura – 1963
- O Sublime Peregrino – 1964
- Elucidações do Além – 1964
- Semeando e Colhendo – 1965
- A Missão do Espiritismo – 1967
- Magia de Redenção – 1967
- A Vida Humana e o Espírito Imortal – 1970
- O Evangelho à Luz do Cosmo – 1974
- Sob a Luz do Espiritismo (Obra póstuma) – 1999

SÁVIO MENDONÇA

- O Vale dos Espíritas – 2015
- Missão Planetária – 2016
- A Derradeira Chamada – 2017
- O Sentido da Vida – 2019
- Amor: Encontros, desencontros e Reencontros – 2020
- Mediunidade sem Preconceito – 2021
- Por que Reencarnar? – 2022

MARIA MARGARIDA LIGUORI

- Jornada de Luz
- O Homem e o Planeta Terra
- O Despertar da Consciência
- Em Busca da Luz Interior

AMÉRICA PAOLIELLO MARQUES

- Mensagens do Grande Coração

OBRAS COLETÂNEAS:

- Ramatís uma Proposta de Luz
- Face a Face com Ramatís
- Um Jesus que Nunca Existiu
- Simplesmente Hercílio
- A Missão do Esperanto
- A Origem Oculta das Doenças
- O Objetivo Cósmico da Umbanda
- Do Átomo ao Arcanjo
- O Apocalipse
- Marte: O futuro da Terra
- O Além – Um guia de viagem
- Geografia do Mundo Astral
- O Homem Astral e Mental
- O Carma
- O Menino Jesus
- Homeopatia – A cura energética

Coletâneas de textos organizadas por SIDNEI CARVALHO:

- A Ascensão do Espírito de A a Z – Aprendendo com Ramatís
- Ciência Oculta de A a Z – O véu de Ísis
- Evangelho de A a Z – A caminho da angelitude
- Jesus de Nazaré – O avatar do amor
- Mecanismos Cósmicos de A a Z – O amor do Pai
- Mediunidade de A a Z – O portal da Luz
- Saúde e Alimentação de A a Z – O amor pelos animais
- Transição Planetária de A a Z – A chegada da Luz
- Universalismo de A a Z – Um só rebanho

Obs: A data após o título se refere à primeira edição.

A revelação fez-se assim parcialmente em diversos lugares e por uma multidão de intermediários, e é dessa maneira que prossegue ainda, pois que nem tudo foi revelado.

Allan Kardec, *A Gênese*

O espiritismo não dogmatiza. Não é nem uma seita, nem uma ortodoxia, mas uma filosofia viva, aberta a todos os espíritos livres, filosofia que evolve, que progride.

Léon Dénis, *O Problema do Ser e do Destino*

O excessivo apego às formas religiosas, no vosso mundo, termina por cristalizar a crença humana, sob a algema de dogmas impermeáveis a raciocínios novos. As criaturas estratificam no subconsciente uma crença religiosa simpática, cômoda ou tradicional, e obviamente terão de sofrer quando, sob o imperativo do progresso espiritual, têm de substituir sua devoção saudosista por outras revelações mais avançadas.

Ramatís, *O Sublime Peregrino*

Sumário

O Sublime Peregrino

Mensagens do Astral

A Vida no Planeta Marte e os Discos Voadores

A Vida Além da Sepultura

A Sobrevivência do Espírito

Mediunismo

Mediunidade de Cura

Magia de Redenção

Fisiologia da Alma

Elucidações do Além

O Evangelho à Luz do Cosmo

Semeando e Colhendo

A Vida Humana e o Espírito Imortal

Sob a Luz do Espiritismo

Introdução

A Verdade é do tamanho do Universo

O título da presente seleção explica-se pela origem que a inspirou. Na página do Facebook da AFRAM – Associação das Fraternidades Ramatís – têm sido postados semanalmente trechos de obras de Ramatís enfocando assuntos que sempre nos pareceram "grandes temas ramatisianos". Daí surgiu a ideia de enfeixar num volume esses e outros textos das obras, "fatiados" em pequenos subtítulos, para facilitar a absorção dos impacientes leitores atuais.

São esclarecimentos avançados, que cumprem o papel a que Ramatís se propôs: inserir na consciência de seus leitores ocidentais, pouco a pouco, os conhecimentos ancestrais da Sabedoria Eterna, que no Oriente já são patrimônio das grandes correntes espirituais há milênios, e desde sempre foram ensinados nos templos iniciáticos.

Deles, a lucidez do grande iniciado – atlante, hindu, egípcio e druida – que foi Allan Kardec engastou na doutrina espírita nascente, sob a diretriz dos Espíritos, alguns elementos fundamentais.[1] Tais foram as três grandes leis: a da evolução, do carma e da reencarnação, assim como a noção do perispírito, que não pôde então se particularizar em seus veículos componentes, e os conceitos sobre a mediunidade – entre outros.

Era tudo de que o arcabouço da doutrina necessitava, na ocasião, para cumprir o seu papel de Consolador prometido por Jesus, abrindo de par em par às massas sofredoras as portas

1 Tão lúcido era o Codificador que afirmou textualmente: "A doutrina hoje ensinada pelos espíritos nada tem de novo; seus fragmentos são encontrados na maior parte dos filósofos da Índia, do Egito e da Grécia, e se completam nos ensinos de Jesus Cristo" – *O que é o Espiritismo*.

do Conhecimento Eterno, efetuando uma verdadeira revolução consciencial. Pela primeira vez, no Ocidente, massas inumeráveis de criaturas seriam resgatadas do sofrimento atroz diante dos túmulos; teriam a comprovação cabal da imortalidade; alimentariam a alma de esperança diante dos horizontes infinitos da evolução, do consolo do recomeço e da borracha misericordiosa da reencarnação para seus erros. Um Deus *realmente* Pai de *todos*, sem penas eternas, uma concepção que hoje chamamos de "ecologia profunda", porque abrange todos os seres da criação na mesma comunidade de centelhas em evolução – tudo isso significou um novo patamar de crença, fazendo jus ao qualificativo de Terceira Revelação. Foi o equivalente, na história da espiritualidade planetária, ao que representou a Revolução Francesa para nossa consciência social: a democratização do que antes era, no Ocidente, (mas neste caso, por necessidade, não por elitismo) patrimônio de alguns estudiosos do esoterismo. Inseriu as massas no primeiro grau do Conhecimento Eterno.

Mas o mundo avançou nestes mais de 150 anos.

Ao cidadão de 1857, que se deslocava em carruagens e mal ousava pensar nos limites além do Sistema Solar; que ignorava as forças da intimidade atômica e os meandros submicroscópicos da célula; que não se sabia efeito de uma programação do DNA, tampouco sonhava com a delirante possibilidade de replicar seres vivos por clonagem – que mal ousara, na própria França ilustrada e laica, sacudir as digitais religiosas dos códigos civis, mas não impedira ainda a velha religião de dominar as crenças sociais – a esse homem que recém colocava os pés, sem que o soubesse, no primeiro degrau da consciência da Nova Era, não se podia exigir demais.

Tivesse sido o espiritismo nascente um compêndio de conhecimentos que abrangesse todo o leque dos velhos tratados iniciáticos, que futuro lhe estaria reservado diante das massas? Não era o seu propósito, a missão que lhe destinara o Cristo. Viria, como o Mestre Nazareno, sentar-se com a multidão e falar a linguagem que a todos alcançasse, porque a humanidade estava sedenta de consolação e de sentido para a existência, e carecia de quem lhe falasse ao intelecto com a voz do coração. Daí terem os Espíritos dosado para Mestre Allan Kardec os conteúdos iniciáticos passíveis de serem aceitos pelas massas, sem os saltos de concepção que fariam a doutrina alvo do sarcasmo de religiosos e cientistas, por fantasiosos demais.

Mas o mundo avançou. E a Verdade é do tamanho do Universo.

E nas terras do Cruzeiro, preparadas pelos Dirigentes Planetários, lentamente foi se confirmando aquilo que Kardec afirmara: "A revelação é gradual".

As vozes da espiritualidade se encarregaram de acrescentar parágrafos aos artigos iniciais do código doutrinário. Na "erraticidade", cauteloso conceito inicial da vida de além-túmulo, acenderam-se holofotes poderosos que descortinaram a geografia das colônias astrais, com sua (antes inacreditável) arquitetura, veículos, organizações, e até animais... André Luis e outros acrescentaram órgãos e sistemas, metabolismo e formas ao vago "envoltório fluídico" do perispírito inicial, desdobrando-o inclusive o nobre médico em *corpo mental e corpo espiritual* (astral). E retiraram até mesmo do ostracismo o Duplo Etérico, ou Corpo Vital dos velhos ocultistas, o Ka ancestral dos egípcios (já que nada é novo sob o Sol). Até um "peso específico" do perispírito foi listado por André Luis, nele identificando inusitados elementos como trompas ou antenas de absorção da alimentação energética...(o que diriam os espíritas do século XIX?!) A mediunidade recebeu imensuráveis contribuições, com o acréscimo dos "centros de força" (como se apelidou os velhos chakras orientais para dar-lhes foro de cidadania), e a glândula pineal ocupou a merecida ribalta como estrela da sintonia psíquica. O *prana* dos hindus foi apontado como "vitalidade cósmica", o que em nada o alterou... Já está acrescentada (embora sem a devida importância por parte dos espíritas) a noção de "matéria mental". O processo da reencarnação alargou-se e se aprofundou com descrições técnicas, desde André Luis. Ele teve a sublime audácia de falar em Inteligências Co-Criadoras do Senhor dos Mundos, esclarecendo que eram as mesmas apelidadas de Devas pelos hindus e Arcanjos dos católicos e outros!!! (Ramatís denomina-os de acordo com sua atividade-fim: Engenheiros Siderais... Construtores de mundos).

Estamos aqui a arrojados anos-luz das informações iniciais POSSÍVEIS – esse é o termo-chave – naquelas abençoadas comunicações compiladas por Kardec há um século e meio, ao embalo das carruagens e à luz dos lampiões de acetileno parisienses. Mal refeitos da surpresa de descobrir que possuíam consigo um perispírito, que seria de seus contemporâneos se tivessem que admitir de saída um Corpo Etérico, um Corpo Espiritual e um

Corpo Mental, tudo dentro de si? Curto-circuito mental, e apedrejamento da doutrina, eis o que resultaria.

É fato sabido que as comunicações de André Luis sofreram acirradas críticas e repúdio de almas tradicionais, crentes de que a ortodoxia espírita exigia, como nos dogmas de sua ex-igreja romana, a imutabilidade eterna. E a deterioração eterna, coisa que o próprio Kardec repudiou com veemência.2

Kardec e os Espíritos pinçaram da eterna Sabedoria Oculta as noções principais aptas a permitir às grandes massas o ingresso num patamar de consciência compatível com os novos horizontes planetários.

E cem anos depois, já indo à Lua, tendo desintegrado o átomo sobre os semelhantes e com ele a decência moral, dissolvendo os contornos da matéria em energia, prenunciando as viagens estelares nos "atalhos cósmicos" de Einstein e manipulando os segredos da vida na intimidade cromossômica, criando bebês de proveta e clones animais, o século XX já podia, finalmente, retornar à velha fonte de onde Kardec canalizara, por via dos Espíritos, os filetes da Sabedoria Eterna conservados pelo Oriente, para aprofundar o balde e recolher mais água, para a eterna sede de compreensão das almas que costumam ir à frente do rebanho humano.

O Comando Planetário combina com Mestre Ramatis a descida de um novo balde ao poço sem fim do Conhecimento. O espírito do cidadão do século XX já podia comportar novos escalões das verdades eternas. Nem uma vírgula se trocaria dos postulados básicos do espiritismo – aliás, por estranha coincidência, iguaizinhos aos do hinduísmo, do budismo, da ioga, da rosacruz e da teosofia... (coisa que algo devia dizer, mas não diz, ao olhar da ortodoxia espírita). Entretanto, estava na hora de cumprir o que almejava o grande iniciado, Kardec: prosseguir com a revelação das verdades...

Ramatís, que há milênios veio estender o amparo de sua sabedoria estelar à humanidade terrícola, entre a qual repetidamente nasceu,3 veio ostensivamente recordar, aos espíritos que

---

2 "O princípio da imutabilidade, que as religiões têm sempre considerado uma égide conservadora, torna-se elemento de destruição, dado que, imobilizando-se ao passo que a sociedade caminha para a frente, os cultos serão ultrapassados, e absorvidos pelas ideias de progressão".
"A imobilidade, em vez de ser uma força, torna-se uma causa de fraqueza e de ruina"– *A Gênese.*

3 Para a "biografia terrestre" de Ramatís, vide o site da AFRAM: *www.aframramatis.org*

guardam no íntimo a noção das verdades eternas que absorveram à sombra dos templos iniciáticos, desde a velha Atlântida, mais uma quantidade possível do Conhecimento – que é um só em todos os tempos e latitudes.

Com a intervenção de Ramatís, velho amigo e companheiro de sacerdócio de Kardec em várias romagens, rasgam-se os limites do cenário da evolução, integrando nela uma dimensão cósmica, com reinserção da velha noção do Grande Plano da Criação, o *manvantara* da tradição hindu – curiosamente, à época em que as teorias do Big-Bang e do Universo Pulsante vinham trazer rigorosamente a mesma visão do funcionamento cósmico.4 Aprofunda-se a concepção das Inteligências Co-Criadoras, e a hierarquia de Consciências Diretoras de mundos, sois e galáxias – os Logos, já conhecidos da tradição ancestral de muitos povos, sob vários nomes – desvendando um Universo magnífico, e acenando-nos com realizações infinitas. O mecanismo etiológico das moléstias humanas é desvendado em seus níveis profundos, mostrando-nos não só "por que" sofremos, mas *como* exatamente engendramos a enfermidade física, à luz da fisiologia da alma... Somos recordados, sem acomodações de consciência, daquilo que os Espíritos taxativamente disseram a Kardec e até hoje foi desconversado por seus seguidores: os animais são os irmãos menores do homem, são hoje o que fomos ontem, e está na hora de sermos consequentes com essa realidade, deixando de matá-los e torturá-los para nosso uso e abuso.

Corroborando o que Chico Xavier, o espírito de sua mãe, Emmanuel e Irmão X informavam, a vida no planeta Marte é trazida para descortinar-nos um ideal de mundo melhor para, quem sabe, tentarmos imitá-lo se algo sobrar de nossa belicosa civilização...

Ângulos inéditos da vida do Além – como as aves e animais do astral inferior, a música numa comunidade do astral superior, o esperanto, e outros – enriquecem nosso conhecimento desse Outro Mundo, em cuja alfândega um dia aportaremos, como viajantes mais ou menos despreparados se não nos socorrerem

---

4 Supomos que Kardec teria sido o primeiro a inserir no conhecimento espírita essa noção, com a tranquilidade com que recomendou "Caminhando de par com o progresso, o espiritismo jamais será ultrapassado...Se uma verdade nova se revelar, ele a aceitará" (A Gênese). Deveria ser motivo de satisfação constatar que um conhecimento transcendental de uma crença milenar foi verificado pelos caminhos da ciência; e uma informação a respeito, trazida por via mediúnica, *devia* ser tratada no mínimo como coerente e respeitável. Mas e o preconceito, e a hostilidade irrazoável, onde ficariam então? (N.da médium).

guias de viagem realistas.

Jesus de Nazaré... Jamais obra alguma lhe descreveu a passagem terrena com a riqueza e a profundidade de *O Sublime Peregrino*; nenhum autor espiritual teve o conhecimento e a autenticidade de desvendar-nos o real nascimento e a infância de Jesus, o absurdo de palavras, atitudes e milagres apócrifos que lhe desmentem o perfil angélico, a sua verdadeira condição sideral, o cenário da Galileia e a família de Jesus, o passo a passo verdadeiro de seu calvário, seu diálogo com Pilatos, o que Ele disse e não disse no alto da cruz...Tudo isso disponível nas gravações eternas conhecidas como "registros akhásicos", disponíveis a quem quiser/puder conferir.

E, como a grande voz de alerta, foi de Ramatís a primeira que descreveu na metade do século passado, em detalhes, o processo, as razões e o desenrolar da Transição Planetária, em todas as suas facetas, com a tradução do simbolismo do Apocalipse, e previu, antes de todos, eventos como o aquecimento global, degelo polar, catástrofes naturais intensificadas, a chegada dos ETs, o que é a famigerada "Besta" do Apocalipse...

Sempre enfatizando que o espiritismo constitui a mais sensata síntese da Sabedoria Milenar oferecida ao homem terráqueo de mentalidade ocidental, Ramatís prioriza o maior ensinamento que subjaz em todas as grandes doutrinas, sempre solenemente esquecido pela quase totalidade de seus adeptos: o universalismo. Com raras exceções, todos têm se esmerado em desmentir, com os atos, o ensinamento dos mestres e profetas, avatares e enviados que dizem seguir, enquanto aproveitam os menores e mais vulgares pretextos para apedrejar os adeptos de outras crenças.

Inédito mesmo é constatar a incongruência de alguns extremistas que chegam a inventar uma nova categoria de habitantes do Além; os "espíritos espíritas"... Classificação sectária, corrosiva em seu separativismo, que desmente a universalidade fraterna desse "cristianismo redivivo" que sonhou Kardec.5 Parecem aqueles que cultivam o *preconceito racial astral*, que impugnam os pretos velhos nas mesas mediúnicas, como se espírito tivesse cor (e se tivesse?!) e não pudesse falar como lhe aprouvesse...Claro que, se algum se apresentasse com sotaque francês, faria o maior sucesso.

5 "...eis o credo, a religião do Espiritismo, religião que **pode conciliar-se com todos os cultos, isto é, com todas as maneiras de adorar a Deus". Allan Kardec,** em um discurso proferido em Paris, a 1/11/1868. Fonte: *A Reencarnação*, FERGS.

Grande e doloroso vai ser o choque de realidade de tais mentalidades ao despertarem no Além, constatando a total ausência de centros espíritas, "purezas doutrinárias" e outros instrumentos bons para estabelecer currais mentais a fim de manejar os encarnados, mas totalmente ausentes no Mundo Maior, onde se encontra simplesmente a Grande Realidade, fora de rótulos, separativismos e "doutrinas", já que a verdade é uma só, nunca teve rótulos nem fronteiras, e onde os espíritos felizes se identificam só pelas afinidades íntimas. Que decepção ao descobrirem mestres orientais, pretos-velhos e caboclos, médiuns espíritas e vovós benzedeiras, magos antigos e modernos, ocultistas e pastores protestantes, padres e freiras católicos, monges budistas e tibetanos misturados nas mesmas comunidades, junto com ex-espíritas, ex-judeus, ex-protestantes, ex-ateus, ex-umbandistas, ex-hinduistas, ex-islamitas, ex-iludidos do sectarismo...todos simplesmente espíritos, aprendizes do Conhecimento Único. Uma decepção para os que gostariam de ver mantidas no Além-Túmulo as hierarquias, os separativismos, a imutabilidade dos dogmas e o exercício do poder sobre as consciências alheias, que tanta satisfação nos dá enquanto ainda dele precisamos para a satisfação do ego.

Seria inacreditável, se não se explicasse pela permanência dos hábitos clericais seculares, a manutenção de um "index dos livros proibidos" que alguns tentam impor aos espíritas, alegando que estudar qualquer obra de outras correntes reencarnacionistas irá prejudicar-lhes as mentes. Melhor seria se o estudo amplo, honesto e imparcial preconizado pelo professor Rivail pudesse concluir o que viria enriquecer as informações da doutrina, ou não. Aliás, ao que se sabe, o livre-exame corajoso foi o que permitiu a Mestre Allan Kardec superar as prevenções e ir olhar de perto o mistério que se escondia sob a animada dança das mesas girantes. Tivesse o lúcido professor virado o rosto, repetindo o "absurdo, impossível e ridículo" de seus contemporâneos acadêmicos, nada de Doutrina Espírita...

Aos que amamos o espiritismo e veneramos o verdadeiro Kardec, universalista, imparcial, eterno buscador da verdade, propugnando o exame permanente e a incorporação ao espiritismo de todas as verdades, numa doutrina evolutiva e progressista, bem ao contrário dos sarcófagos de crenças que sempre engessaram o espírito humano, já nos assalta a suspeita de que seria preciso um movimento de retorno ao real "espiritismo de Kardec", algo sufocado pela poeira dos anacronismos, interdições e personalismos autoritários que andam diminuindo a chama do archote que devia aclarar os caminhos da busca do Conhecimento.

Porém, nas estradas do tempo, todos nos encontraremos com a Verdade, que se oculta em cada curva, velada por infinitos véus, aguardando que os possamos retirar um a um, na sucessão de iluminações que produzem a expansão de consciência rumo ao infinito. Entre os lampejos modestos da minhoca e o esplendor da consciência abrangida pelo arcanjo, há inúmeras gradações em que nos podemos situar com liberdade de escolha. A cada véu retirado de Isis, nosso olhar interno se aguça e apreende maior quota de compreensão do funcionamento desse Cosmo de que somos residentes. Fechar os olhos aos que nos entreabrem novas janelas de percepção é no mínimo um desperdício pueril – embora nos idos da Idade Média fosse o padrão. Hoje, enquanto sopram os ventos da liberdade que conferem ao homem a plena autonomia de exame, avaliação e crescimento consciencial, mereceria espanto, mas antes sorrisos, a imposição de mantê-lo de olhos fechados e com antolhos mentais, para que não se desgarrem as ovelhas do redil doutrinário, por sentirem verdes e frescos os pastos que se prolongam além das cercas, para desespero dos mantenedores dos cercados...

❁ ❁ ❁

Todos os textos deste volume são reprodução fiel de textos de Ramatís, nas obras de Hercílio Maes, sem quaisquer alterações ou acréscimos. Apenas, foram selecionados dentro de cada uma delas, às vezes de parágrafos distintos, com vistas a compor textos mais compactos e de rápida absorção. Com o mesmo objetivo, utilizou-se o recurso de "fatiar" as informações, agrupando-as abaixo de subtítulos curtos, estes sim de nossa autoria. Foi a metodologia adotada no ***Facebook***, e assim, de Face em Face, vimos que se podia montar uma pequena seleção em que leitores ainda não familiarizados com as obras pudessem se ver face a face com Ramatís...E ainda, oferecer aos grupos ramatisianos um material de estudo compacto para os iniciantes. Sem a intenção de substituir a leitura das obras integrais, ao contrário, pretende ser uma pequena amostra que a incentive.

Os textos foram ordenados sob os títulos das obras a que pertencem, e cada texto numerado, para facilitar a visualização.

As raras anotações da compiladora se acham diferenciadas em outra fonte, e são seus também todos os grifos.

Registramos um agradecimento especial ao confrade Álvaro Chagas, pela ideia, projeto e manutenção da página da AFRAM no Facebook, que levou à materialização do presente volume.

Paz a todos os seres!

Mariléa de Castro e Espírito Amigo

1

O Sublime Peregrino

1. Os quatro evangelhos foram adulterados

Entre o que os evangelistas ouviram, disseram ou escreveram, e os relatos que chegaram ao vosso século, há contradições, por vezes flagrantes e absurdas, devido à intervenção indébita que os quatro evangelhos sofreram posteriormente, para atender a certos interesses religiosos.

As autoridades religiosas, quando da formação da nova Igreja, ajustaram narrativas particulares à biografia de Jesus, interpondo nos evangelhos originais certos mitos já consagrados por outras crenças.

Existiam mais de quarenta evangelhos, todos diferentes entre si. Estes foram selecionados pela Igreja, ficando reduzidos a quatro, os quais, já eivados de erros, continuaram sendo traduzidos das cópias primitivas, e ainda lhes fizeram outras interpolações, acréscimos e ajustes, no sentido de garantir interesses religiosos em jogo! Introduziram relatos apócrifos, alterando alguns fatos da vida do Mestre. Além disso, as traduções do original grego para o latim e outros idiomas têm, igualmente, sofrido alterações, algumas até ingênuas e ridículas, outras propositais e capciosas.

No entanto, aproxima-se a época em que os relatos evangélicos serão escoimados de suas incongruências e interpolações interesseiras, surgindo a limpidez da movimentação e do pensamento exato de Jesus! A colcha de retalhos, mitológica e ilusória, tecida por interesses religiosos para encobrir a verdade, será removida, surgindo o Jesus Angélico, mas despido de lendas, mitos e de crendices dogmáticas do passado.

Um ex-papa conta a verdade que já sabíamos

Leon Tolstoi, o famoso escritor, depois de desencarnado ditou diversas obras mediúnicas, primeiro através da primorosa mediunidade de Yvonne Pereira, ambientadas em sua amada Rússia. Posteriormente, pela médium Célia Xavier de Camargo, ditou a obra onde traz reflexões e descobertas de sua vida de além-túmulo, intitulada *Leon Tolstoi por Ele Mesmo* (Editora Petit).

Nele, relata como acabou tendo acesso, na espiritualidade, a memórias de algumas encarnações anteriores suas.

E aí, a surpresa

Um dia, encontrando-se, em espírito, em Roma, Tolstoi resolve visitar a Capela Sistina. E ali acaba tendo uma regressão espontânea ao passado, que lhe traz a mais inesperada das revelações. E que nos oferece um depoimento verídico e precioso sobre um fato de que já temos sobejas certezas, mencionado por Ramatís: a adulteração proposital do texto dos evangelhos pelos interesses clericais.

Recorda o espírito de Tolstoi:

> Entramos. No interior da Capela Sistina a visão da majestade, do luxo e da grandeza da Igreja me incomodaram. (...). Fechei os olhos. Tudo o que sempre pensara a respeito da Igreja voltou em catadupas, dominando-me o íntimo e enchendo-me de revolta. (...) Ao defenderem os próprios direitos e interesses, lançaram um véu sobre o Evangelho, obscureceram a verdade, tornaram absolutamente ininteligíveis as palavras do Cristo e falsearam o espírito da Boa Nova.
>
> Nesse momento, intenso mal-estar começou a me envolver...percebendo que mergulhava para dentro de mim mesmo...grande tristeza, dor e angústia me invadiu, a par de um medo terrível...tinha de sair dali...Todavia, não conseguia levantar-me. Logo depois...reconheci-me diferente. Abri os olhos lentamente e não mais vi a nave da

> Capela Sistina. Uma outra igreja, igualmente majestosa, deparou-se... Olhei-me. Trajava uma roupa sacerdotal antiga, rica e cheia de adereços: uma grande cruz cravejada de pedras preciosas pendia de meu pescoço...em minha mão brilhavam ricos anéis e um deles trazia lacre e um símbolo. (...) Cercado de luxo e de servidores, eu me vi adulado e reverenciado por todos, que se aproximavam para me beijar a mão, onde brilhava o anel pontifício.

O depoimento real da adulteração

Continua Tolstoi a sua regressão ao passado:

> Sentia-me outra pessoa, sem perder a consciência da atualidade. Entrei numa sala onde me aguardavam inúmeros prelados. Sentamo-nos em torno de imensa mesa redonda e pusemo-nos a discutir sobre vários assuntos. Meus pensamentos eram todos voltados para os interesses da Igreja. Nessa reunião, estabelecemos acordos iníquos, fizemos conciliábulos, decidimos sobre a vida de pessoas que não pensavam como nós.
>
> E o que é pior, decidimos alterar o Novo Testamento, acrescentando palavras que confeririam novos significados aos textos antigos e originais, acrescentando maior autoridade à instituição que defendíamos.
>
> Ao fim do dia (...) entregue aos meus pensamentos, a consciência passou a pesar-me, cobrando-me pelas decisões tomadas. Notei que amigos espirituais me cercavam, procurando dissuadir-me dos erros e fazer-me voltar à verdade, porém era muito tarde. A roda tinha sido posta em ação e, para o futuro, as alterações que estabelecemos seriam as únicas verdades conhecidas.

Evidentemente, Tolstoi não menciona quem dos papas ele fora. Foi antes dos anos 1400, já que anterior à Capela Sistina.

Pelo menos, um dos responsáveis veio a público depor sobre o que já sabíamos – e a humanidade não parou para admitir, bastando a simples lógica: os textos dos evangelhos foram adulterados. (M.C.)

2. A infância do menino Jesus

A infância do menino Jesus aparentemente transcorreu de modo tão comum quanto a dos demais meninos hebreus, seus contemporâneos, adstrita aos costumes das famílias judaicas pobres e de descendência fértil.

Ele discrepava dos demais meninos devido à sinceridade e franqueza com que julgava as coisas do mundo, sem sofismas ou hipocrisia. Algumas vezes causava aflições aos próprios pais, provocando comentários contraditórios entre aquela gente conservadora, que jamais poderia compreender o temperamento de um anjo exilado na carne.

O aspecto físico do menino jesus

Era um menino encantador, de olhos claros, doces e aveludados, como duas joias preciosas e de um azul-esverdeado encastoados na fisionomia adornada pela beleza de Maria e cunhada pela energia de José. Vestia pobremente, como os demais meninos dos subúrbios de Nazaré.

O menino Jesus tinha os cabelos de um louro-ruivo, quase fogo, que emitiam fulgores e chispas à luz do Sol; eram soltos, com leves cachos nas pontas e flutuavam ao vento. Quando ele corria ladeira abaixo perseguido pelos cabritos, cães e aves, seus cabelos pareciam chamas vivas esvoaçando em torno de sua cabeça angélica! A roupa íntima era de pano inferior, que depois ele cobria com uma camisola de algodão, de cor sépia ou salmão. Só nos dias festivos ou de culto religioso ele envergava a veste domingueira de um branco imaculado. Sobre os ombros, nas manhãs mais frias, Maria punha-lhe o manto azul-marinho, de lã pura, tecida em Jerusalém, que fora delicado presente de Lia, uma de suas amigas de infância.

Era um menino corado, ágil e flexível; ele corria pelos campos, rolava pelas colinas misturando-se às cabriolas dos cordeiros e dos cabritos, que pareciam entendê-lo e gostar do seu riso farto e da sua índole meiga. Havia um halo de pureza e lealdade em tudo o que ele fazia.

Nada ele tinha de vaidade ou orgulho que o distanciasse dos demais companheiros de infância, pois era cordial e afetuoso, amigo e legal.

Jesus era divertido e espontâneo em suas travessuras; porém sem humilhar nem maltratar os companheiros ou animais. Sincero, franco e justo, revelava-se na sua estatura de alma benfeitora e amiga da humanidade.

Com os irmãos menores

Por diversas vezes, Maria o encontrou curvado sobre a serpente enrodilhada na moita de capim, ou então afagando o filhote da fera, a qual, em vez de ameaçadora, mostrava-se eufórica sob tal carinho, ante a presença daquele garoto transbordante de ternura por todos os seres! Jesus envolvia os animais ferozes e os répteis venenosos em sua aura de tanta meiguice e amor, que eles se quedavam tranquilos. Isso exigia a atenção constante dos seus amigos siderais e não poucas vezes a "voz oculta" de Gabriel advertiu-o para que não se expusesse tanto no cenário perigoso do mundo físico. Mas quem poderia modificar a índole de um anjo que jamais temia a morte?

Ele se curvava para o solo e colhia o verme repelente na folha do vegetal, pondo-o fora do alcance das pisadas humanas. Sob o espanto dos adultos, ele deliciava-se com os carreiros de formigas supercarregadas de partículas de alimentos ou folhas; com os retalhos de madeira da carpintaria de José, construía túneis para livrá-las de serem esmagadas pelas criaturas. Muitas vezes perdia longo tempo tentando repor no lombo das formigas a carga que lhes fora desalojada, ou lhes trazia restos de cereais só para vê-las carregarem.

Certas vezes, Maria e José mortificavam-se ao encontrar Jesus conversando animadamente com as aves e os animais que, em verdade, pareciam entendê-lo! Advertia, censurava e aconselhava patos, cães, marrecos, galinhas, cordeiros e cabritos. Enxotava-os para longe nos dias de matança, pois jamais alguém pôde matar qualquer ave ou animal na sua presença, espetáculo doloroso que o deixava febril e o fazia fugir.

Qualquer ave ferida ou cão maltratado recebia dele o máximo carinho e tratamento; e um júbilo intenso, uma alegria sem limites tomava-lhe o rosto radioso, quando os seus "doentes" se punham a voar ou a caminhar. Batia palmas, satisfeito, de euforia espiritual. Curtiu noites de insônia, depois que viu, estarrecido, os bois tombarem um atrás do outro com a goela vomitando sangue e feridos mortalmente pela lança dos magarefes.

Jamais podia compreender sua culpa, quando ouvia severas

admoestações de José e os apelos insistentes de Maria para que não arriscasse a vida nos arvoredos envelhecidos, onde subia, afoito, para proteger os ninhos perigosamente pensos dos galhos rotos! Mas eram inúteis tais censuras ou conselhos; em breve tornavam a encontrá-lo novamente trepado nos galhos das árvores e entre os pássaros, que em voos efusivos pareciam aliar-se ao seu riso cristalino, gratos pelo carinho dispensado aos filhotes implumes.

Durante os brinquedos cotidianos, qualquer perversidade cometida contra os seres inferiores deixava-o silencioso e severo. A censura no olhar era tão veemente que os meninos mais culpados se afastavam temerosos.

As brincadeiras do menino jesus

O menino Jesus, como espírito de elevada estirpe sideral, aprendia com extrema facilidade qualquer iniciativa do seu povo, e era o mais exímio oleiro da redondeza, conhecido entre as crianças do seu tempo. Destro no fabricar animais e aves de barro, devotava-se com tal ânimo e perícia criadora a essa arte infantil, que os produtos de suas mãos arrancavam exclamações de espanto e admiração dos próprios adultos.

– Parecem vivos! – diziam os mais entusiastas, tomados de profundo assombro.

Sob seus dedos ágeis e delicados, o barro amorfo despertava como se lhe fora dado um sopro de vida! Jamais os seus contemporâneos percebiam que ali se achava o anjo exilado na carne. Os pequeninos comparsas rodeavam Jesus, atentos e espantadiços da rapidez com que ele transformava um punhado de barro argiloso na figura esbelta de uma ave ou animal que só faltavam falar. Depois, eles corriam céleres para casa, agitando nas mãos as figuras confeccionadas por Jesus, que então ria feliz, como um príncipe dadivoso.

Mas ele também se entregava às brincadeiras comuns da época, como o jogo de bolas de pano e de barro, que eram atiradas sobre obstáculos de madeira, derrubando-os; às travessuras com cães, cabritos e cordeiros ou à construção de diques e lagos artificiais, cujas barcas de pesca ele construía de gravetos e restos de madeira da carpintaria de José. As velas dos barquinhos, enfunadas, traíam a contribuição de Maria, com retalhos de linho e algodão de suas costuras. As frotas de galeras romanas então navegavam nas enseadas de água suja, para gáudio da gurizada sempre atenta às iniciativas e surpresas do menino Jesus. Eram estradas, pontes, rios, lagos e cascatas; ou portos de carga e descarga, barracas coloridas para caravaneiros, cujos camelos e elefantes de barro descansavam à sombra de palmeiras improvisadas. Ainda havia jardins suspensos, faróis queimando torcidas de cordas untadas de azeite, à noite, para guiar as galeras retardadas que eram puxadas a barbante pelos fieis peritos sob as ordens de Jesus menino. Enfim, era um mundículo feérico, divertido e contagioso, que reunia a gurizada da redondeza; e os próprios adultos davam uma espiada à furtadela, quando precisavam arrastar os filhos para o repouso noturno.

Muitas vezes, Maria sentia-se dominada por estranhas emoções e as lágrimas escorriam-lhe pelas faces, vendo aquele menino como um reizinho venturoso, um deuzinho criador dirigindo o seu mundo rico de novidades e surpresas. Ele era o centro de atração da criançada buliçosa, que entre gritos de alegria movia-se obediente às diretrizes por ele traçadas no intuito de preservar os brinquedos até o término dos divertimentos. Era uma clã de meninos que pouco a pouco se integrava nas disposições temperamentais e emotivas dele. Então, reduzia-se a maldade para com os pássaros e animais; diminuía-se também a traquinagem maliciosa e destruidora. Jesus inventava sempre coisas novas: do barro argiloso e da areia umedecida compunha castelos e reis, príncipes e fortalezas, que reproduziam as histórias ouvidas de Maria, à noite, do folclore hebraico.

3. O pequeno anjo exilado

Jesus era um menino destituído de qualquer senso de propriedade dos bens do mundo; se verberava o companheiro que feria o pássaro com o bodoque de couro cru, ou se afligia seriamente diante do cordeiro pisoteado pelo moleque enraivecido, deixava seus brinquedos pelos caminhos, abandonava os apetrechos escolares aos demais meninos, e sem protesto ou desculpa doava suas sandálias e as porções de alimento a quem primeiro os solicitasse.

Depois de seu labor na arte da argila, destro no fabricar aves e animais, jamais se ligava à sua obra, nem se preocupava com o seu valor ou posse; o que saía de suas mãos já não lhe pertencia e o dava facilmente ao primeiro que o pedisse! Menino ainda, já revelava a contextura do Mestre que mais tarde recomendaria: "Não ajunteis tesouros na terra".

O presente

Um velho mago da Fenicia e amigo de José, e que lhe devia relativo favor, mandara de presente ao menino Jesus valiosa ave-rei coroada de magnífico penacho cor de ouro e plumagem purpurina, rendilhada de um azul sedoso e manchas opalinas, aprisionada em bela gaiola de grades banhadas a prata. José e Maria e os demais irmãos de Jesus deliciavam-se antecipadamente com a alegria e a surpresa que deveriam dominá-lo ao retornar da escola e receber o régio presente. Porém, para surpresa dolorosa de todos e o confrangimento de verem a perda de coisa tão valiosa, eis que o menino Jesus, em sua falta de senso dos bens do mundo, soltou a ave num gesto feliz e exclamação jubilosa. E riu, tomado da mais ampla satisfação, ao vê-la mover-se entontecida e alçar um voo majestoso sob o fundo azulíneo do céu ensolarado.

Qual seria o futuro que a família de José poderia augurar para aquele menino tolo e desprendido, embora correto, bom e obediente, mas julgando a vida um espetáculo tão natural como devem julgá-la os pássaros, os peixes e os animais? Evidentemente os seus contemporâneos não podiam prever oculto ali naquele ser de maravilhosa espontaneidade e absoluta confiança na vida criada por Deus o Mestre que mais tarde recomendaria: "Olhai as aves do céu, que não semeiam, nem segam, nem ajuntam em celeiros; e vosso Pai celestial as alimenta. Porventura não tendes muito mais valor do que elas?"

Brincando na chuva

O menino Jesus não podia conceber quaisquer perigos no seio da Vida, porque o seu espírito sentia-se eterno e considerava a morte corporal um acontecimento de somenos importância. Sob o espanto dos companheiros e dos próprios adultos, quando a natureza se movia inquieta, o céu se escurecia com as nuvens pejadas de água e eletricidade, Jesus se rejubilava e batia palmas de contente. Inquieto, porém satisfeito, esperava a tempestade; mas quando os raios fulminavam arvoredos e desenhavam na tela do céu serpentes de luz ameaçadoras, e a chuva caía forte, ninguém conseguia segurar o menino Jesus. Rápido, ele escapulia e se punha longe, fora do alcance dos seus, a pular debaixo da chuva copiosa, cabelos escorridos e grudados nas faces, enquanto, como quem recebe um presente, aparava a linfa do céu na concha das mãos. Saltava dentro das poças de lama e chapinhava na água, conseguindo, por vezes, atrair algum companheiro mais corajoso, que o acompanhava na sua festa aquática. Outros meninos, detrás das janelas rústicas, olhavam-no rindo, até que os irmãos mais velhos vinham buscá-lo de qualquer modo, mas não resistindo ao contágio de suas risadas gostosas.

Às vezes, sua silhueta recortava-se nítida sob a luz dos relâmpagos; então erguia os braços e cantarolava alegre, como se quisesse abraçar os relâmpagos e trazê-los em feixe para casa! Os gritos jubilosos de Jesus confundiam-se com os brados de Tiago e Eleazar, seu tio e irmão, que o chamavam desesperadamente. Embora fosse motivo de crítica por parte dos vizinhos despeitados, era impagável aquele aspecto inusitado do menino Jesus, tão eufórico debaixo da água torrencial, assim como a ave feliz entreabre suas asas gozando a linfa dos céus.

Era um anjo destemeroso, certo de que a natureza, mesmo enraivecida, não poderia fazer-lhe qualquer mal. Sabia que mediante aquela tempestade ruidosa, o Espírito Arcangélico da Vida processava a limpeza da atmosfera, recompunha o plasma criador, carbonizava detritos perigosos, sensibilizava o campo magnético do duplo etérico da Terra e procedia à higiene fluídica no perispírito dos homens.

Os seus contemporâneos não podiam compreender o desafogo espiritual do menino Jesus, diante da violência da natureza pejada de água, raios e trovões, que amainava-lhe o potencial sidéreo atuante no seu cérebro tão frágil. Eram reações emotivas brotadas de uma alegria sã e inofensiva; um estado de espírito de absoluta confiança nos fenômenos grandiosos da própria vida.

O salvador dos homens

No entanto, essa extroversão da infância de Jesus transformou-se, pouco a pouco, naquela silenciosa dor que o absorveu quando ele, na mocidade, se viu diante da maldade, da hipocrisia e do egoísmo humanos. Os pecados e os sofrimentos da humanidade pesavam-lhe no ombro e roubavam-lhe a alegria, porque sendo Jesus o mais sensível e amoroso dos homens, era quem mais sofria diante de seus irmãos desgraçados e sem esperanças!

4. A juventude de Jesus

Os conhecimentos iniciáticos

A humanidade profana ainda ignora o curso iniciático da vida de Jesus, em que José de Arimatéia foi o seu cicerone dedicado e fiel. O jovem Jesus, além das intuições do muito que a sua própria alma já aprendera, rebuscou todos os movimentos espiritualistas e iniciáticos da época, na Judeía e nações circunvizinhas, motivo por que a sua vida é cheia de hiatos e períodos desconhecidos dos seus mais fieis biógrafos. Ele investigava e inquiria sobre todas as práticas da velha iniciação habitual na Índia, no Egito e na Grécia, e seu espírito assimilava, com incrível rapidez, todo o conteúdo iniciático de cada escola. Descobria com facilidade as raízes fundamentais do ritualismo simbólico; e, embora jovem, os seus conceitos já valiam tanto quanto a palavra de muitos Mestres de sua época.

Entre os essênios, ele se distinguia pelo profundo respeito a todos os credos e movimentos espiritualistas. Os velhos anciãos dos santuários dos montes Horeb, Carmelo, Moab e Tabor afirmavam que se tratava de um jovem destinado a alguma extraordinária e importante missão entre os homens.

A missão

Os mestres essênios opinavam que ele deveria entregar-se a uma tarefa de esclarecimento das multidões. No entanto, o jovem Jesus preferia silenciar a respeito. Algumas vezes, quando se fazia maior a insistência deles, então respondia-lhes que "se for da vontade do Pai que está nos céus, Ele me indicará a hora de minha missão".

As barreiras fluídicas que separam o mundo espiritual do terráqueo impediam-lhe a posse completa da sua extraordinária consciência, pois ele submetia-se disciplinadamente à Lei que viera cumprir. Sua juventude era povoada de êxtases e visões, embora, por isso, muitas vezes fosse ridicularizado e refutado na sinagoga, pois os velhos rabis conservadores protestavam contra suas ideias avançadas. E nesse ambiente hostil aos seus conceitos, já o consideravam um visionário, porque afirmava que o Deus de Israel também abençoava os romanos e os infiéis.

Jesus sentia em si assombrosa e estuante força que o conduzia a um objetivo superior, de implacável renúncia; por vezes antevia, no imo da alma, a fugaz imagem do seu futuro sacrifício. Com o tempo, foi-se habituando a falar com absoluta confiança sob o impulso diretor do Ego Superior, à medida que o seu espírito emergia cada vez mais lúcido.

Jesus dos doze aos trinta anos

Após os doze anos, Jesus passou a viver quase sob um recolhimento espiritual, sem muitas preocupações públicas. Buscava a natureza para tranquilizar sua alma aflita; vivia mais a vida mental, reflexiva, numa auscultação espiritual profunda.

Quando Jesus completou dezenove anos, José de Arimatéia interessou-se profundamente por aquele jovem místico, inteligente, generoso e cuja vida era diametralmente oposta aos interesses do mundo. Então fê-lo ingressar nos ambientes onde se estudava e se fazia comunicações com os "mortos", fenômenos ocultos que naquela época eram conhecidos por Cabala. Jesus devotou-se profundamente a essa doutrina que lhe era eletiva, desafogando o seu espírito no intercâmbio espiritual. Durante o dia procurava auscultar todas as criaturas que defrontava na existência; e à noite entregava-se aos estudos esotéricos. Mesmo quando, por diversas vezes, tentou emprego em Jerusalém, sem qualquer êxito técnico ou prático, jamais abandonou suas investigações do mundo oculto, nem se afastou do contato de José de Arimatéia.

Em verdade, dos doze aos trinta anos Jesus pareceu evitar qualquer aparecimento no cenário do mundo profano, como se desejasse mobilizar todas as forças para o desiderato final do Calvário. Por isso, ninguém lhe encontra feitos de realce ou movimentos ostensivos que marcassem sua figura no ambiente comum do povo.

5. Jesus e o Cristo Planetário

Jesus não é o Cristo

Em nossas singelas atividades espirituais, nós transmitimos mensagens baseadas em instruções recebidas dos altos mentores do orbe. Portanto, já é tempo de vos afirmar que o Cristo Planetário é uma entidade arcangélica, enquanto Jesus de Nazaré, espírito sublime e angélico, foi o seu médium mais perfeito na Terra.

A evolução das crenças

O excessivo apego às formas religiosas, no vosso mundo, termina por cristalizar a crença humana, sob a algema de dogmas impermeáveis a raciocínios novos. As criaturas estratificam no subconsciente uma crença religiosa simpática, cômoda ou tradicional, e obviamente terão de sofrer quando, sob o imperativo do progresso espiritual, têm de substituir sua devoção saudosista por outras revelações mais avançadas. Os religiosos de tradição, habituados a "adorar" e jamais "pensar", sentem-se amargurados quando têm de abandonar as imagens preferidas de sua devoção e substituí-las por outras.

Assim, Deus primeiramente foi devocionado pelos homens através dos fenômenos da natureza; em seguida evoluíram para a figura dos múltiplos deuses, mais tarde convergindo para a ideia unitária de Deus. Moisés expressa em Jeová a unidade de Deus, embora ainda o fizesse bastante humanizado e temperamental. Com Jesus, a ideia evolui para um Pai transbordante de Amor e Sabedoria, embora os homens ainda o considerassem um doador de "graças" para os seus simpatizantes e um juiz inexorável para os seus contrários. O catolicismo definiu-se pela ideia do Criador na figura de um velhinho de barbas brancas, responsável pela criação do mundo em seis dias, pontificando nos céus, atrás das nuvens, mas ainda sensível à oferenda de velas, flores, incenso, relíquias etc. Atualmente, a doutrina espírita ensina que "Deus é a Inteligência Suprema, causa primária de todas as coisas".

Não há dúvida, já é bem grande a diferença entre a concepção espírita e os deuses mitológicos, que presidiam os fenômenos da Natureza ou se imiscuíam na vida dos seus devotos. No entanto, ainda existe diversidade da própria fórmula espiritista em confronto com outras explicações iniciáticas do ocultismo oriental.

É tempo de desvendar as verdades

Quando o religioso tradicional tem de abandonar o seu velho mito ou modificar sua ideia formal da Divindade, acariciada há tanto tempo e infantilmente sob a proteção do sacerdócio organizado, sofre na sua alma; e da mesma forma, sofrem os adeptos de doutrina como o espiritismo, ante a concepção de que Jesus é uma entidade a parte, e o Cristo é o Logos ou Espírito Planetário da Terra.

Os espíritas, em sua maioria, embora já possuam noções mais avançadas da realidade espiritual, ainda se confrangem, quando se lhes diz que o Cristo é um arcanjo planetário e Jesus, o anjo governador da Terra.

O anjo é entidade ainda capaz de atuar no mundo material, mas o arcanjo não pode mais deixar o seu mundo divino e efetuar qualquer ligação direta com a matéria, pois já abandonou em definitivo todos os veículos intermediários que lhe facultariam tal possibilidade. O próprio Jesus, Espírito ainda passível de atuar nas formas físicas, teve que reconstruir as matrizes perispirituais usadas noutros mundos materiais extintos, a fim de poder encarnar-se na Terra.

As consciências diretoras de cada astro

Cada orbe tem o seu Logos ou Cristo Planetário, seja a Terra, Marte, Júpiter, Saturno ou Vênus. Quanto mais evoluída é a humanidade de um orbe, ela é mais sensível à vibração espiritual do seu Logos planetário.

O Logos, Arcanjo ou Cristo Planetário da Terra é que alimenta a alma da humanidade terrícola com sua luz e essência vital, em perfeita sintonia com a vontade e o plano de Deus. É a fonte sublime, doando a Luz da Vida. Não é evidente que a lâmpada elétrica busca sua luz e força no transformador mais próximo, em vez de solicitá-la diretamente à usina distante? Assim, Deus, como a "Usina Cósmica" e alimentador do Universo, legou aos seus arcanjos ou logos, transformadores divinos de luz e vida, a capacidade de atenderem às necessidades humanas nas crostas terráqueas, com a energia devidamente dosada para cada ser. Não há desperdício energético no Cosmo.

Os homens vivem embebidos da essência sublime do Cristo Planetário, e por isso, sentem no âmago de suas almas uma direção que os orienta incessantemente. As criaturas mais sensíveis, os intuitivos e os inspirados, às vezes identificam essa "voz oculta" a lhes falar silenciosa e ternamente. No entanto, o Cristo Planetário não podia reduzir-se ao ponto de vibrar ao nível da mentalidade humana ou habitar a precariedade de um corpo de carne. Alguém poderá colocar toda a luz do Sol dentro de uma garrafa?

Quem é Jesus

Em verdade, Jesus é o Espírito mais excelso e genial da Terra, da qual é o Governador Espiritual. Foi também o mais sublime, heroico e inconfundível Instrutor, entre todos os mensageiros espirituais da vossa humanidade.

Ele fez o seu curso espiritual evolutivo através de mundos planetários já desintegrados no Cosmo, e alcançou a angelitude.

No entanto, Jesus também ascensiona ininterruptamente pela expansão ilimitada de Sua consciência. É provável, portanto, que no próximo "Manvantara" ou "Grande Plano da Criação"[1] ele também se gradue na escala arcangélica; e então participará diretamente da criação dos mundos sob a inspiração do Arcanjo, Logos ou Cristo de um sistema solar.

O médium do cristo planetário

Assim, o Logos ou o Cristo do Planeta Terra, em determinado momento, passou a atuar diretamente pelo seu intermediário Jesus, anjo corporificado na forma humana, transmitindo à humanidade a Luz redentora do Evangelho.

Jesus não é o Cristo, mas a consciência mais capacitada para cumprir a sua vontade em cada plano, do reino angélico até a Terra. Em sua missão sublime, Jesus foi a "janela viva" aberta para o mundo material, recebendo do Cristo a inspiração elevada.

O divino Logos ou Cristo já atuou através de Moisés, Krishna, Isaias, Zoroastro, Buda, Maomé, Confúcio, Fo-Hi, Anfion, Numu e muitos outros instrumentos humanos. Mas Jesus foi o mais fiel intérprete do Cristo planetário, na Terra. Ao completar 30 anos de idade física, quando lhe baixa sobre a cabeça a pomba simbólica do Espírito Santo, durante o batismo efetuado por João Batista, Jesus passou a viver, minuto a minuto, as fases messiânicas do plano espiritual traçado pelo seu elevado mentor, o Cristo do orbe.

Uma passagem bíblica em que o Mestre Jesus esclarece a sua condição de medianeiro do Cristo, não deixando qualquer dúvida, ao falar aos apóstolos, é: "Mas vós não queirais ser chamados de Mestre, porque um só é o vosso Mestre – o Cristo" (Mateus, XIII-8-10). É evidente que Jesus, falando na primeira pessoa e referindo-se ao Cristo na segunda pessoa, tinha o propósito de destacá-lo

1 Vide o texto "O Grande Plano da Criação".

completamente de sua própria identidade; em face de sua reconhecida humildade, jamais ele se intitularia um Mestre.

O Messias, cuja aura é imenso facho de luz a envolver a Terra – de que a sua transfiguração no Tabor nos dá uma pálida idéia – reduziu o seu poder e a sua consciência angélica por amor à humanidade, a fim de comparecer pessoalmente à "escola primária" terrena e entregar a mensagem salvadora do Evangelho.

Se Jesus não esclareceu melhor o assunto de que ele pudesse ser uma entidade e o Cristo outra, assim fez em virtude de os apóstolos não poderem especular sobre essa realidade. A falta de cultura própria da época não lhes permitia raciocínios tão profundos como a ideia do arcanjo – ou Logos – planetário.

6. O aspecto físico de Jesus

A figura do Mestre

Jesus era um homem de estatura alta, porte majestoso, de um perfil clássico, hebraico, mas, singularmente, também possuía alguns traços imponentes de um fidalgo romano. Delicado nas formas físicas, porém, exsudava extraordinária energia à flor da pele, denunciando profunda atividade mental.

A testa era ampla e suavemente alongada; seu rosto triangular, sem rugas ou manchas. Os lábios, bem feitos, com suave predominância do inferior. O nariz era reto e delicado; a barba espessa, um pouco mais escura do que os cabelos, caprichosamente separada ao meio e curta, tornando Jesus o perfil de um dos mais belos homens do mundo.

A fisionomia era atraente e de uma expressão ao mesmo tempo meiga e enérgica, suave e séria. Jesus herdara do pai as linhas firmes e enérgicas; no entanto, através daquela energia e masculinidade, transparecia a beleza radiosa de Maria, cujas feições delicadas, semblante sereno e profundamente místico justificavam a fama de ser a mais linda esposa da Galiléia.

O Mestre Jesus, além da simpatia que irradiava, era um moço extremamente belo, cujo andar denunciava a sua majestade angélica. Tudo nele enternecia; a beleza do anjo confundia-se com a grandeza do sábio.

Ele possuía cabelos de um louro amendoado, formando volutas ou cachos que lhe caíam pelos ombros à moda nazarena.

Seus olhos eram claros, afetuosos e sumamente ternos, mas

sempre dominados por uma expressão grave e melancólica; emitiam fulgores, às vezes inesperados, quando Ele parecia ligar-se subitamente às potências superiores. Então tornavam-se quase febris, de um brilho estuante de energia moral. Sem dúvida, era o olhar do anjo verberando a maldade e o cinismo dos espíritos satânicos do mundo oculto. No entanto, malgrado esse tom energético de admoestação espiritual, jamais desaparecia do seu semblante a expressão de mansuetude e de imensa piedade pelos homens!

O olhar do anjo

A sabedoria e o amor refletiam-se nele na mais pura harmonia. Diante do insulto, do sarcasmo ou da crueldade, seus olhos revelavam uma divina paciência e serenidade. O sábio cedia lugar ao anjo apiedado da ignorância humana. Quantas vezes o motejador que ironizava a aparente ingenuidade da filosofia de Jesus não conseguia suportar -lhe o olhar de compaixão, repleto de ternura e piedade para com aquele que não podia compreendê-lo! Era uma doçura queimante na consciência dos sarcásticos, pois sentiam a descoberto, no recôndito da sua alma, todos os seus pecados.

As criaturas curadas por Jesus diziam que o fulgor de seus olhos penetrava-lhes a medula, qual energia crepitante, transmitindo-lhes misterioso potencial de forças desconhecidas e fazendo eclodir em seu corpo a vitalidade adormecida.

Os malfeitores e delinquentes não escondiam o seu terror diante desses mesmos fulgores veementes que lhes punham a descoberto na alma o cortejo de vícios. Raros homens não se prostravam de joelhos diante de Jesus, clamando perdão para os seus erros, quando erguiam-se aterrorizados, ante a voz imperiosa que lhes dizia: "Vai e não peques mais!"

No seio da massa heterogênea diante do Mestre, o cínico ensaiava seus motejos para perturbar; mas o olhar de Jesus penetrava-lhe a alma, devassando-lhe os turvos pensamentos à luz de sua divina compaixão. Então os perturbadores assalariados pelo Sinédrio retiravam-se apreensivos ou baixavam a cabeça ao defrontarem o fulgor daquele olhar tão sereno, mas severamente interrogativo.

O homem Jesus

Jesus era dotado de um temperamento sereno e equilibrado no contato com as criaturas humanas, pois embora vivesse sob profunda tensão espiritual interior, em face do potencial angélico que lhe oprimia a carne, sabia contentar-se e ninguém pôde lhe apontar gestos e atitudes de cólera por sentir-se ofendido ou desatendido. Era um homem excepcional; porém, sujeito a todas as necessidades do corpo físico, mas de uma vida regrada inconfundível.

Ele não se negava às relações sociais e comuns com o mundo exterior, nem verberava a alegria e o divertimento humanos. Participava gentilmente das festividades e tradições religiosas do seu povo, mas o fazia sem os exageros entusiásticos das almas infantis. Expressava o suave sorriso de Maria nos júbilos domésticos ou nos reencontros afetivos, mas jamais se excedia na gargalhada descontrolada ou no choro compungido do sentimentalismo humano.

Ante as cenas humorísticas, mas cheia de simplicidade, das festas regionais de sua terra natal, sua fisionomia era tomada de um sorriso tolerante e, por vezes, travesso; mas diante de cenas crueis, como das crianças escravizadas, cegas e vítimas de queimaduras nos trabalhos escravos das fundições de Tiro, a piedade fazia-lhe estremecer o corpo delicado, ou então se angustiava, batido pelo vendaval agressivo da maldade humana. O suor umedecia-lhe a fronte e a palidez tomava-lhe as faces, ao contemplar o panorama aflitivo das misérias e das atrocidades do mundo.

O anjo planetário

Quem poderia supor que Jesus, o jovem filho de José, o carpinteiro, um moço de olhos esplendorosos, insaciável nas suas indagações de "sabe tudo", carregava nos ombros frágeis a cruz das dores e do sofrimento de todos os homens? Quem poderia prever a sua renúncia, o seu sacrifício e heroísmo diante da morte carnal, para transfundir a luz do Cristo Planetário às sombras tristes do orbe terráqueo? Entre todas as mensagens trazidas dos mais longínquos lugares da Terra, ele era o portador, o genial compilador do mais elevado Código Moral de ajuda à humanidade.

7. A evolução é uma só para todos

Os arcanjos não são uma linhagem especial

Os arcanjos não são entidades oriundas de uma linhagem a parte e que jamais viveu na face da matéria, cuja evolução segue diferente da dos homens.

Jamais existem duas medidas diferentes no plano da Criação e da manifestação do Espírito em peregrinação para adquirir sua consciência individual.

A centelha espiritual surge simples e ignorante em todas as latitudes do Cosmo, adquire o seu limite consciencial situando-se nas formas efêmeras dos mundos planetários e depois evolui através do transformismo das espécies.

O esquema evolutivo é absolutamente um só: sensação através do animal, emoção através do homem, sabedoria através do anjo e o poder e a glória através do arcanjo! São condições inerentes a todos os espíritos, porquanto Deus não modifica o processo de Sua criação fora do tempo e do espaço.

O caminho é um só

Não existem duas espécies de processos evolutivos, em que uma parte dos espíritos progride exclusivamente no "mundo interno" e a outra inicia-se pelo "mundo externo".

A matéria, conforme prova a ciência moderna, é apenas "energia condensada"; em consequência, não há mérito para o ser evoluir apenas no seio da "energia livre" ou qualquer demérito em submeter-se somente à disciplina letárgica da "energia condensada".

A evolução é fruto de uma operação espontânea, um impulso ascendente que existe no seio da própria centelha por força de sua origem divina! À medida que se consolida o núcleo consciencial ainda no mundo do Espírito, a tendência expansiva dessa consciência primária é de abranger todas as coisas e formas, motivo pelo qual ela não estaciona, num dado momento, no limiar das formas físicas, mas impregna-as, impelida pelo impulso criador de Deus! Assim, o mais insignificante átomo de consciência espiritual no seio do Cosmo jamais poderá cercear o ímpeto divino que o aciona para a angelitude e, consequentemente, para a própria condição arcangélica!

Isso comprova-nos a justiça, a bondade e a sabedoria de Deus, sem quaisquer privilégios ou diferenciações na escalonada do Espírito em busca de sua eterna ventura!

Todo arcanjo já foi homem; todo homem será arcanjo – essa é a Lei!

Aprender para depois ensinar

Não há milagres nem subterfúgios da parte de Deus; nenhuma entidade espiritual, malgrado ser um Logos Solar, poderá ensinar, orientar e alimentar humanidades encarnadas, caso não se trate de uma consciência absolutamente experimentada naquilo que pretende realizar.

Não havendo "graças" imerecidas, nem privilégios divinos, obviamente os arcanjos também fizeram sua escalonada sideral sob o mesmo processo extensível a todas os espíritos impelidos para o seu aperfeiçoamento.

Se um arcanjo ou logos planetário pôde ligar-se ao Espírito de um medianeiro, como o Cristo uniu-se a Jesus, e sendo incessante o progresso espiritual, mais cedo ou mais tarde o próprio Jesus alcançará a mesma frequência e graduação arcangélica. E quando o espírito do homem alcança a condição de Arcanjo, ele é então chamado "O Filho Sideral"; é um Cristo, cujo estado espiritual absoluto é o Amor.

8. A expulsão dos vendilhões do templo

(Talvez o pior dos absurdos atribuídos ao Mestre, o mais incongruente e desrespeitoso)

> Toda vez que se atribui violência, irascibilidade ou desforra ao excelso e bondoso espírito do Sublime Jesus, embora isso conste nos evangelhos autorizados, não deve ser aceito – Ramatís.

O Jesus descrito nos evangelhos às vezes se contradiz quando analisado em sua contextura angélica e condição psicológica humana. E há também contradições entre as quatro narrativas dos apóstolos.

Além disso, certas cenas e atitudes desmentem a conduta, o temperamento, a sensatez e os objetivos do Mestre, porquanto, em algumas passagens, ele se mostra irascível, arbitrário e despótico, depois de ter predicado o amor, a bondade, a mansuetude, o perdão e a tolerância, como no caso de sua ira e agressividade contra os vendilhões do templo (Mateus XXI – 12-13).

Essa narrativa é de origem duvidosa, mesmo porque não se coaduna com os costumes hebraicos da época.

Além disso, a violência e agressividade do ato desmentem a índole pacífica e tolerante de Jesus, pois apresenta-o empunhando um chicote, açoitando os homens, dando pontapés nas mesas, espantando bois e ovelhas, promovendo, enfim, uma grande desordem no recinto de um templo. Os cambistas são escorraçados até a rua, recebendo insultos e sofrendo prejuízos por parte daquele que viera ensinar a perdoar incondicionalmente!

O Cordeiro de Deus era dócil, pacífico e respeitoso em todos os seus atos e atitudes. Assim o demonstrou diante da mulher adúltera, ante a negação de Pedro e na traição de Judas. Sua missão não era de turbulências, nem de alterar os costumes tradicionais de uma cidade.

Jesus descera à Terra para viver, à luz do dia, as lições do amor e da piedade, em toda a sua extensão. Alma cósmica, compreensiva e sábia, não tinha quaisquer recalques de cólera. Enérgico diante das injustiças contra os fracos, jamais se transformaria num agressor vulgar atacando um punhado de homens ignorantes e necessitados de ganhar a vida. Tais vendedores não exerceriam o seu comércio se isso lhes fosse proibido pelo sacerdócio hebreu, que era a força dominante para dirigir o povo.

Chamar o templo de Jerusalém de "covil de ladrões" representaria um insulto aos sacerdotes e ao povo de Israel; e Jesus seria incapaz de insultar alguém. Aliás, ele apenas considerava aquele local como um detestável e sangrento matadouro de aves, carneiros e bois. A sua noção de "Casa de Deus" era bem mais extensa, conforme no-lo demonstrou quando o seu pensamento, esvoaçando pelo Cosmo e situando os planetas habitados por outras humanidades, disse textualmente: "Na *casa de meu Pai* há muitas moradas".

Ademais, os narradores ainda cometeram o disparate de transplantar para os lábios de Jesus as mesmas palavras proferidas pelo profeta Isaías, do Velho Testamento, referentes a outros assuntos: "Minha casa (a casa de Deus) será chamada casa de oração". E, quando o fazem terminar a sua indignada expulsão dos vendedores, atribuem-lhe ainda outras palavras que foram exprobações de Jeremias: "Mas vós a tornastes covil de ladrões".

Os cambistas que, a distância, faziam seus negócios, eram modestos vendedores ambulantes, cuja féria mal lhes garantia o pão de cada dia. Se ele cogitasse, realmente, de expulsar os "vendilhões do templo", teria que iniciar sua ação corretiva de dentro para fora, ou seja, enxotando primeiramente os próprios sacerdotes e os seus sequazes desonestos.

Além disso, seria absurdo que um forasteiro de visita à cidade santa, provindo da Galiléia, se pusesse a agir daquele modo, sobrepondo-se à lei ou hábito vigente na cidade.

Se Jesus houvesse açoitado o mais insignificante vendedor, os outros o subjugariam imediatamente, impedindo que o galileu recém-chegado do interior os agredisse e lhes causasse prejuízos. E os vendedores eram consentidos e tributados por lei. Por conseguinte, Jesus, como bom hebreu e respeitador das leis do país, não iria protestar em público, mediante violência agressiva, contra o que sabia ser lícito!

O sublime Jesus do Sermão da Montanha, que perdoou e consolou a mulher adúltera, que recomendou a caridade do perdão "setenta vezes sete", que aconselhou a entregar a face esquerda a quem nos bate na direita, certamente jamais incorreria na violência e desordem agressiva que lhe é atribuída, contra os vendedores que negociavam nos lugares permitidos do templo de Jerusalém. A sua compreensão angélica tornava-o tolerante e piedoso para com todos os pecadores. Era enérgico, decidido e heroico, mas sem a violência da ira ou da paixão agressiva!

Por conseguinte, não é somente o caráter impoluto, a contextura psicológica, a agudeza espiritual e a sabedoria cósmica de Jesus que contestam a possibilidade desse incidente chocante e que imerecidamente lhe atribuem; mas a própria tradição, os costumes e as leis judaicas o desfazem facilmente!

9. Jesus nunca acusou Judas na última ceia

É inacreditável que atribuam essa mesquinhez ao Mestre

Entre os diversos acontecimentos narrados pelos evangelistas e sumariamente modificados posteriormente pelos exegetas católicos, a cena da acusação indireta de Jesus contra Judas, se fosse verdadeira, seria um dos mais graves e censuráveis desmentidos aos seus profundos sentimentos de amor, ternura e perdão tão sublimes que, nos extremos de sua agonia, no ato da crucificação, o fizeram dirigir ao Pai, quanto aos seus algozes, aquela rogativa de misericórdia infinita: "Pai, perdoa-lhes porque eles não sabem o que fazem!".

É quase inacreditável que, depois de se configurar o Amado Mestre como a maior expressão de amor e de renúncia na Terra, o reduzam ao caráter de um homem comum, ressentido e intrigante, pecando pelo julgamento antecipado da "possível" traição de um discípulo!

Conforme narra o Evangelho de João, cap. XIII, vs. 21 a 30, primeiramente Jesus exclama: "Em verdade, em verdade vos digo que um de vós me há de entregar". Após os apóstolos se recuperarem da angústia daquela acusação velada, e em seguida às indagações aflitivas de Pedro e João, eis que o Mestre, num gesto de delator vingativo, responde: "É aquele a quem eu der o pão molhado". E tendo molhado o pão, deu-o a Judas, filho de Simão Iscariotes. E a narrativa acrescenta: "E atrás do bocado de pão entrou em Judas o Satanaz".

Em tal acontecimento tão comprometedor, faltaria ao Mestre, sempre gentil e benevolente, até o resquício de piedade comum das criaturas de relativa formação moral, pois ele teria acusado o seu discípulo em público, por um ato abjeto de que apenas tinha pressentimento!

Mateus, cap. XXVI, vs. 21-25, não descreve a cena do pão molhado entregue a Judas, mas ainda é mais chocante contra a linhagem angélica do Mestre, pondo-lhe nos lábios as seguintes palavras acusatórias e de maldição: "O Filho do Homem vai, certamente, como está escrito dele; mas ai daquele homem por cuja intervenção há de ser entregue o Filho do Homem; melhor fora a tal homem não haver nascido!" E respondendo Judas, que o traía, disse: "Sou eu, porventura, Mestre?" Disse-lhe Jesus: "Tu o disseste". Ora, no caso, Jesus não só desejaria a Judas um fim trágico e abominável, como ainda o acusaria brutalmente diante dos demais discípulos e companheiros!

Deturparam o perfil angélico do Mestre

Espirito da hierarquia de Jesus não possui duas facetas, não se turba nem se nivela ao conteúdo efervescente das paixões humanas, nem é vítima do descontrole das emoções! Jesus não desejava nada do mundo e jamais temeu a morte; em consequência, não agia nem atuava no mundo material preocupado com respeito à sua pessoa. Pouco lhe importaria que Judas ou qualquer outro discípulo o traísse ou o levasse a qualquer espécie de morte! A sua linhagem espiritual tornava-o sempre acima das atitudes humanas a seu favor ou desfavor, quer se tratasse de seus parentes, amigos, adeptos ou desconhecidos.

Se existem homens inferiores ao Mestre Amado que não se tornam melhores com o "elogio" nem ficam piores com a "censura", o que não seria Jesus diante da fraqueza de um discípulo que já vivia perturbado pelas suas próprias emoções descontroladas e pelos ciúmes infundados!

10. "Pai, afasta de mim esse cálice", nunca foi dito por Jesus

Quem poderia ter ouvido isso, se ele estava sozinho no alto do Horto das Oliveiras?

É óbvio que se isso tivesse ocorrido assim como narram os evangelistas, então só Jesus poderia ter explicado o acontecimento, uma vez que João, Tiago e Pedro, que se achavam ali perto, dormiam a sono solto e não poderiam ter ouvido tais palavras. Quanto aos demais apóstolos, achavam-se no celeiro da granja de Gethsemani, ao sopé da Colina das Oliveiras.

Em verdade, a recusa do cálice de amargura, que a tradição religiosa atribui a Jesus, trata-se apenas de um rito iniciático dos velhos ocultistas, com referência à vacilação ou temor de toda alma consciente, quando, no Espaço, se prepara para envergar o fardo doloroso da vida carnal. O "cálice de amargura" representa o corpo com o sangue da vida humana; é a cruz de carne, que liberta o espírito de suas mazelas cármicas no calvário das existêncis planetárias.

Só a pobreza da imaginação humana poderia ajustar as angústias de um anjo como Jesus à versatilidade das emoções do mundo da carne.

Ramatís destaca em outros trechos a óbvia serenidade do Mestre diante da morte física, a sua tranquila certeza e alegria de sentir que seu sacrifício iria garantir o florescimento da mensagem evangélica:

...

Jesus encontrava-se em Betânia, hospedado na casa da família de Ezequiel, quando resolveu consentir em pregar na cidade de Jerusalém.

Através do fenômeno ideoplástico mediúnico, projetaram-se em sua mente alguns dos quadros dolorosos que mais tarde viveria em Jerusalém. A perspectiva do sacrifício de sua própria vida, como o preço implacável para a sobrevivência imaculada da mensagem evangélica, inundou-o de júbilo e despertou-lhe a mais sublime euforia espiritual!

Cabia-lhe "viver" e ao mesmo tempo "morrer" pelos princípios que viera pregar aos homens, a fim de cimentá-los para a posteridade através da renúncia de sua vida e o destemor da morte!

Jesus ouviu as trágicas notícias de José de Arimatéia e Nicodemus, e agradeceu pelo seu afetuoso interesse. Sem demonstrar qualquer pesar ou ressentimento por aqueles que o queriam matar, exclamou numa voz terna e de compreensivo perdão:

"Obrigado, amigos meus! Não temo a morte, nem como ela me venha; porque vejo que passarão os homens, mas as minhas palavras permanecerão. É preciso que o filho do homem dê o sangue pela salvação do próprio homem; que a submissão à morte seja o preço e a força da própria vida, pois a luz do Espírito ilumina a sombra do corpo. Minha hora é chegada pela vontade do Pai que está nos céus; mas não se fará pela obstinação dos homens!

Só a inconsciência dos homens a respeito da verdadeira natureza do Divino Mestre, mais a projeção da humana covardia diante da morte, podem explicar que tenham atribuído a Jesus a suposta vacilação daquela frase que, além de tudo, ninguém poderia ter registrado. A ignorância humana aceitou e perpetuou séculos afora essa interpolação sem nexo nos evangelhos, sem parar para refletir o quanto é absurda e desairosa.

11. Jesus e Pôncio Pilatos

Pilatos

Pôncio Pilatos era um homem com cerca de quarenta e dois anos, robusto, de estatura média, cuja fisionomia corada traía uma forte vida sensual. Sumamente ambicioso, era prudente no jogo dos seus interesses e temeroso do seu prestígio junto a Tibério, que lhe dera o cargo. Apesar de sua arrogância e repulsa contra os judeus, ele não se animava a abrir luta frontal com o Sumo Sacerdote, Caifás, que era um inimigo implacável e perigoso pela sua astúcia, e habilmente orientado pelo seu sogro Hanan, para não se desprestigiar em Roma.

A sentença de Jesus

Pôncio Pilatos iniciava a sua audiência às nove horas da manhã. Jesus foi introduzido na antessala sob a custódia dos esbirros do Sinédrio. O Procurador de Roma surpreendeu-se diante de um homem palidíssimo, febril e abatido por visíveis sofrimentos, quando as provas e testemunhos em seu poder o acusavam de perigoso facínora e obstinado rebelde.

Era seu dever fazer cumprir a lei contra os infratores e manter a harmonia entre hebreus e romanos. Convinha prestar alguns favores ao Sumo Sacerdote para que depois chegassem bons informes a Roma. No entanto, Pilatos guardava lá no íntimo os seus ressentimentos contra as astutas raposas do Templo, como as designava.

Dirigiu-se ao beleguim-chefe do Sinédrio, que conduzira Jesus, o qual fazia o papel de relator e promotor, habilmente instruído por Hanan e Caifás, e inquiriu-o:

– Que se julgou deste homem pelo Sinédrio?

O agente religioso entregou-lhe a peça acusatória, informando sem esconder sua arrogância:

– Jesus de Nazaré, rabino galileu, foi considerado culpado por unanimidade na pequena corte do Sinédrio. Em seguida, leu a peça acusatória que dizia:

"Jesus de Nazaré, rabino galileu, sedutor, inimigo da Lei, falso rei de Israel, herético Filho de Deus, Messias impostor, explorador de viúvas e órfãos, fascinador de donzelas, agitador e depredador do Templo, profanador de oferendas e inimigo das devoções, assim julgado unanimemente culpado por esta corte em juízo de emergência".

E prosseguiu, sem mesmo disfarçar o ar acintoso de desafio:

– Jesus de Nazaré, desmoralizador do direito sagrado, será lapidado como ímpio e profanador, mas isento de culpa perante Roma e para estímulo de novas sedições; ou considerado rebelde à ordem pública, sofrerá o suplício da cruz pela sentença do representante do Imperador Tibério?

Pôncio Pilatos recuou no espaldar da poltrona, pasmado de tanta audácia! Estava habituado ao cinismo e à petulância dos hebreus, porém jamais tolerava que se imiscuíssem nas suas obrigações públicas. O Sumo Sacerdote não lhe exigia a morte de Jesus, mas parecia desafiá-lo sob a ameaça de um rosário de consequências graves, se assim não fizesse! Sentiu-se sumamente ofendido no seu amor próprio, ante a atitude descarada do esbirro de Caifás, tentado a dar uma lição ao seu capataz do Templo. Mas isso dependeria de conhecer melhor o sedicioso Jesus, pois, se o soltasse por um capricho e ele promovesse qualquer nova insurreição, ser-lhe-ia difícil explicar a Tibério. Então, em vez de inquiri-lo na antessala do Pretório, mandou conduzir Jesus ao seu aposento de trabalho. Ante a fraqueza e o estado do rabino galileu, mandou sentá-lo.

O interrogatório de Jesus

– Que fizeste, galileu, para ateares a ira dos juízes do Sinédrio e atraíres tantos testemunhos de sedição, que me obrigas a crucificar-te? – indagou Pilatos com suma altivez, mas de certa afabilidade na secura da voz.

Jesus ergueu os olhos para o Procônsul, algo surpreso do tratamento mais ameno daquele rígido romano, e volveu-lhe um olhar de gratidão. Pilatos remexeu-se na poltrona, algo contrafeito.

– Fala, galileu! – ordenou, autoritário e impaciente. – Por que violaste a ordem pública?

Ante aquela rude, mas humana compreensão, Jesus propunha-se a expor os motivos de sua vida, o verdadeiro sentido do Reino de Deus, que ficava acima dos interesses e das contingências humanas. Mas, subitamente envolvido por estranha vibração, reviveu os quadros já vividos no Horto das Oliveiras. Compreendeu que a sobrevivência do seu Evangelho dependeria do holocausto de sua vida carnal. Cortesmente e em palavras recortadas de ternura, mas de implacável decisão, Jesus respondeu a Pilatos:

– Nada tenho a defender-me das acusações dos homens, pois eu cumpro a vontade de meu Pai que está nos céus! A morte será para mim a coroa de glórias e a salvação de minha obra para a redenção dos homens!

Pilatos franziu a testa, profundamente surpreendido e, movido por um impulso sincero, assim se expressou:

– Mas eu posso salvar-te a vida, se isso me aprouver! Que pretendes, enfim?

– Recusar a vida que me ofereceis, pois isso seria deserção e covardia; só a minha morte não desmentirá aquilo que o Senhor transmitiu por mim aos homens!

Levantou-se o Procônsul e pôs-se a caminhar. Contrariando o que narra a história religiosa, jamais Pôncio Pilatos tentou salvar Jesus por questão de simpatia ou piedade. O que lhe importava era apenas uma desforra contra Hanan, Caifás e seus sequazes. No entanto, com a recusa de Jesus à sua clemência e ao indulto oferecidos, sentia-se inclinado a desistir da porfia contra o Sumo Sacerdócio. Novamente fitou Jesus com um olhar em que transparecia certo despeito. E indagou, algo ríspido:

– Como te atreves a recusar meu indulto?

– Não intenteis salvar-me! – redarguiu Jesus delicadamente – Jamais seríeis perdoado pela ira dos que me condenaram!

Pôncio Pilatos ficou corado, ao verificar que o próprio acusado parecia saber de suas hesitações em afrontar os sacerdotes.

– Julgas que eu temo esses sacripantas do Templo? – inquiriu num assomo de altivez.

– Sou grato por vossa clemência e sei que não temeis os vossos cativos; mas eu preciso morrer por força de minha obra; só assim ela viverá! – respondeu Jesus com tal doçura que desarmou a ira de Pilatos, fazendo-o responder:

– Eu não te entendo, galileu!

Pouco lhe importava que o rabi da Galiléia fosse indultado ou crucificado. Mas era o seu amor próprio que o levava a hesitar na sentença final; o seu prisioneiro era um pretexto para contentar o espírito de desforra contra o Sumo Sacerdote.

O pedido final

Talvez atuado por alguma força oculta a que não pôde fugir, Pilatos, quase revoltado consigo mesmo, disse bruscamente ao Mestre:

– Se desejas a morte, dize, pelo menos, o que posso fazer por ti!

Jesus fitou-o bem nos olhos, transmitindo-lhe a força do seu magnetismo sublime, o poderio de seu espírito e a ternura de seu coração. Então, pediu num supremo apelo, que tocou as fibras endurecidas do Procônsul romano:

– Se queres ajudar-me, não persigas os meus discípulos; ser-te-ei grato da Casa de Meu Pai, por toda a eternidade!

Pôncio Pilatos mirou Jesus de alto a baixo, sem poder esconder a sua admiração por aquela deliberada renúncia. O generoso rabino galileu tomava a culpa de todos os seus asseclas e buscava a morte para salvá-los! Fez um gesto confuso, traindo sincera emoção, e precipitando-se nas palavras, como se temesse mudar de opinião, disse-lhe:

– Prometo, rabino! Enquanto eu aqui estiver, jamais perseguirei um dos teus discípulos, se retornarem às suas casas e abandonarem a sedição!

E rodando nos calcanhares, encaminhou-se para a porta, acenando a Jesus.

Capítulo 2

Mensagens do Astral

1. Os tempos são chegados

Fim de um longo curso primário

Quando os exilados de outros planetas – como os capelinos, os exilados de Sirius e outros – chegaram em massa ao planeta Terra, em plena época da Atlântida, deram início a um ciclo educacional neste planeta. Um ciclo previsto e organizado pelos Mentores do orbe, e cujas "provas finais" se acham em pleno desenrolar.

Com a vinda de Jesus, prometida aos tristes exilados quando foram por Ele recebidos na chegada ao planeta, estaria próximo o final do ciclo elementar desta humanidade.

Milhões e milhões de almas rebeldes e endurecidas conseguiram sensibilizar-se e despertar para se graduarem à condição de cidadãos equilibrados e razoavelmente fraternos, ao longo desses milhares de anos. Outros milhões, ainda não...E agora, os tempos são chegados para a Grande Transição, algo nunca ocorrido antes na história planetária.

Ramatís, em *Mensagens do Astral*:

Os "tempos chegados" são ciclos periódicos, previstos pelos Mentores Siderais, bilhões de anos antes do vosso calendário, reguladores de modificações planetárias que se sucederão em concomitância com alterações que deverão ocorrer com os habitantes do vosso orbe.

Podemos dizer-vos que já estais vivendo essa época, anunciada pelas profecias milenares. Os "fins de tempos", além das seleções previstas para as humanidades, requerem também a limpeza psíquica do ambiente, a fim de que seja nele eliminado o conteúdo mental das paixões descontroladas.

A humanidade terrícola atinge o final do seu curso primário iniciado há 28 mil anos, na Atlântida, motivo por que se encontra no limiar da mais severa "prestação de contas" ante o tribunal divino de sua própria consciência.

A Terra está enferma

O acúmulo de resíduos e da substância mental deprimente, originada das paixões humanas, afeta a aura astroetérica do orbe, ocasionando enfermidades estranhas e envenenando a vida no mundo. E a Terra já principia a exalar magnetismo deteriorado. Essa aura magnética corrompida já se estende além dos limites da segurança etérica e transmite influências perniciosas aos mundos adjacentes. Daí a necessidade da limpeza da Terra pela Técnica Sideral.

Características do "fim dos tempos"

O magnetismo inferior, gerado pelo atavismo da carne e pelos pensamentos dissolutos, se expande. As energias primitivas, saturando o "habitat", aumentam a invigilância, e o gosto se perverte. Forma-se intenso oceano de forças magnéticas agressivas e sensuais, que se expandem e convergem num círculo vicioso cada vez mais perigoso à integridade espiritual dos que são devotados às coisas superiores. O mais débil pensamento licencioso encontra farto alimento para se avantajar e influir nos cérebros ávidos de sensações inferiores. O deletério conteúdo magnético do ambiente instiga às piores sensações; há insidioso e voluptuoso convite no ar, e os seres obedecem facilmente a um comando que os impele para os prazeres animalescos. Aumenta o gosto pelas sensações brutais e licenciosas, campo propício para as forças das trevas. O denso lençol de magnetismo perigoso transforma-se em excelente campo de ação para as coletividades das sombras.

Aceleram-se os conflitos entre os homens, e as guerras se transformam em pavorosos matadouros; desenrolam-se acontecimentos espantosos, crimes indescritíveis.

O objetivo maior

O principal objetivo do "juízo final" é o de selecionar os espíritos em duas ordens distintas, a fim de ser ativada a ascensão espiritual de ambas. Um desses grupos será constituído pelas criaturas cuja vida houver representado um esforço à procura da bondade, do amor, da honestidade, da renúncia em favor do próximo; o outro grupo será a triste caravana dos que emigrarão para um orbe inferior, em relação com o seu padrão anticrístico".

Os que emigrarão para regiões inferiores em relação ao vosso orbe, constituindo-se de almas esclerosadas no mal e na preguiça espiritual, daninhas às coletividades pacíficas, progredirão até mais rapidamente, ante a agressividade do meio em que forem habitar. A saudade da vida no seu planeta original ativará intensamente as suas inteligências, condensando-lhes no subjetivismo da alma desejos e ideais para uma breve libertação do orbe inferior.

Ambos os grupos estabelecidos no "juízo final" conseguirão acentuado progresso espiritual. Os da "direita" do Cristo serão favorecidos com nova reencarnação na Terra já higienizada no seu clima e magnetismo, que lhes permitirá uma ascensão mais rápida, devido à pulsação uníssona dos sentimentos crísticos de todos.

As épocas de "juízo final" têm também por função ajustar a substância planetária para se tornar melhor habitat. É um mecanismo previsto pela Suprema Lei e rigorosamente coordenado e dirigido pelos que são designados para criar em nome de Deus. Trata-se de planos elaborados pelos Construtores Siderais, em sintonia com o Grande Plano mentalizado pelo Criador.

As profecias que anunciaram o "fim dos tempos"

É claro que as profecias só podem ser baseadas em fatos já previstos e determinados; os profetas não criam acontecimentos, apenas os prevêem na sua rota infalível.

A Terra é o produto de um plano que foi elaborado há bilhões ou sextilhões de anos do vosso calendário. Os Engenheiros Siderais previram-lhe todos os desvios e modificações do eixo e os seus necessários ajustes. Nenhuma surpresa será verificada nesse mecanismo de rigorosa exatidão.

João Evangelista, no Apocalipse; e mais Isaías, Jeremias, Ezequiel, Daniel, Marcos, anotaram os eventos em questão (do fim dos tempos). Mais tarde outros trouxeram novo reforço: o monge Malaquias, Santa Odila, o Cura d'Ars, Catarina de Emmerik, o campônio Maximino, o profeta de Maiença, Frau Silbiger, Paracelsus, Mãe Shipton.[1] Mas é ainda Nostradamus, o famoso vidente do século XVI, que oferece matéria mais aproximada dos eventos dos próximos dias.

Jesus, no Evangelho de Mateus, cap. XXIV, "O Sermão Profético", diz: "Porque ouvireis falar de guerras e rumores de guerra, olhai, não vos perturbeis, porque importa que estas coisas aconteçam, mas ainda não é o fim". E acrescenta: "Levantar-se-á nação contra nação, e reino contra reino, e haverá pestilências, fome, terremotos em todos os lugares. E todas estas coisas serão o princípio das dores".

As modificações e acontecimentos previstos estão enquadrados dentro das leis estabelecidas pelos Organizadores do orbe. A função dos profetas é apenas a de noticiar o que há de suceder.

As transformações

Lenta mas inexoravelmente, os fatos se reproduzirão em gradativa intensidade; inúmeros terremotos suceder-se-ão em lugares fora do cinturão de abalos sísmicos; grandes inundações fluviais hão de ultrapassar níveis de rios; algumas ilhas vulcânicas desaparecerão e ilhotas desconhecidas farão sua eclosão; chuvas torrenciais desabarão em zonas de contínuas secas, e regiões tropicais sofrerão os efeitos de geadas inesperadas; rios nutridos perderão o seu conteúdo e leitos secos ficarão pejados de água; tufões e furacões visitarão continuamente as zonas ribeirinhas, em ritmo cada vez mais acelerado. Algumas praias ficarão reduzidas, outras serão aumentadas; aldeias situadas em áreas de inundação sumir-se-ão do mapa, deixando milhões de pessoas sem teto; os animais, aves, peixes e crustáceos emigrarão continuamente para zonas imprevistas; o frio se fará fortemente nos lugares calorosos, e a temperatura subirá nas regiões frígidas.

Com o degelo da Groenlândia, encontrarão vegetações aniquiladas e a confirmação de que o Polo Norte já foi aquecido e está retornando à sua primitiva forma.

Libertar-se-ão da matéria dois terços da humanidade, atra-

1 Ainda há o grande vidente e curador americano, Edgar Cayce, a confirmar no século XX o que todos os profetas anteriores predisseram.

vés de comoções sísmicas, inundações, maremotos, furacões, terremotos, catástrofes, hecatombes, guerras e epidemias estranhas. O conflito entre o continente asiático e o europeu, com a cogitação do emprego de raios incendiários e da arma atômica, comprovará a profecia de João de que o mundo será destruído pelo fogo.

2. A Besta do Apocalipse

O que é a besta

A figura da Besta, descrita por João Evangelista no Apocalipse, é um simbolismo do instinto animal, do desregramento que há de atingir o vosso mundo, conjugando-se a todas as paixões inferiores.

Os vossos espíritos já se condicionaram de tal modo ao vocábulo "besta" como identificador do instinto animal, que considerais as mais baixas paixões e taras como sendo consequentes da bestialidade humana. A "besta humana" tem sido o qualificativo máximo que aplicais aos autores de crimes monstruosos ou aos que demonstram perversidade sem propósito. Assim que o homem demarcou as fronteiras entre o animal e o espírito, escolheu a palavra "besta" para sinônimo de brutalidade.

O reinado da Besta significa a agressividade do instinto inferior que, no fim dos tempos, chegará a "tomar o freio", subvertendo o comando do espírito. O simbolismo da Besta alicerça-se exclusivamente no instinto humano desregrado.

Características

A sua presença no vosso mundo é indubitável, cumprindo a profecia: "O que está em cima ficará em baixo, e o que está em baixo ficará em cima".

É o momento em que os costumes que demarcam o pudor e a honestidade se invertem, levados à conta de concepções obsoletas e preconceitos tolos. Sob rótulos pitorescos e terminologias brilhantes, as maiores discrepâncias de ordem moral são aceitas como libertação filosófica ou nova compreensão da vida!

Para os realistas do século atômico, emancipação significa libertação do instinto inferior, com o cortejo de sensações animais que se disfarçam sob o fascínio do traje e dos cenários da civilização moderna.

Multiplicam-se então os antros do prazer fescenino e do jogo aviltante; proliferam as indústrias alcoólicas; desbraga-se a carne moça recém saída da escola primária; proliferam os costureiros especialistas em ressaltar os contornos anatômicos femininos; enriquecem-se os fotógrafos dos ângulos lascivos da mulher; o mundo se povoa de cassinos, boates, antros de tolerância; surgem os estádios faraônicos, mas apodrece o vigamento do hospital edificado à custa de esmolas; aumenta o comércio do livro obsceno e negocia-se a carne da mulher seduzida pela vida fácil. A verdadeira beleza do espírito perde o controle; aumentam os frigoríficos, charqueadas e açougues para matança organizada do irmão inferior; aumenta a carga dos prostíbulos e pede-se a construção de mais penitenciárias. Enquanto isso. propalam, sob precioso tecnicismo de fascinação dos incautos, que estamos na época da emancipação do homem e de sua libertação dos preconceitos.

Essas coisas sempre existiram na Terra, mas foram acontecimentos locais; atualmente convergem para um acontecimento geral, atingindo toda a humanidade. A Besta apocalíptica, que representa um desregramento geral, continua a endereçar o seu convite à vossa humanidade e prevê com êxito a corrupção total dos costumes.

Um sintoma característico

Um dos mais característicos sinais de que a Besta começa a agir é a volúpia das criaturas em se desnudarem. Iludidas, confundem a subjetiva ansiedade de desregramento psíquico com a nudez inocente do selvagem e a naturalidade da criança. Quando a nudez começou a imperar desbragadamente em Sodoma, Gomorra, Babilônia e Roma, a Técnica Sideral sabia que isso significava o fim de uma civilização. Sob o fascínio da Besta, os seres cultuam as maiores aberrações e as elevam à categoria de conceitos de emancipação superior. Infelizmente, as recordações do passado têm nos provado que "a história sempre se repete".

O afrouxamento dos costumes não deve ser confundido com "falsos pudores", pois deforma a estesia do espírito, arrasa os conceitos evolutivos da moral e os substitui pela imoralidade disfarçada em burlesca filosofia.

Inversão dos valores

Antigamente, a desonestidade não encontrava, sob nenhum aspecto, justificativa moral. Entretanto, a influência continuada da Besta já vos fez localizar aspectos morais dentro da própria imoralidade, e a prova está em que, quando os administradores do patrimônio público são acusados de se locupletarem com os bens da nação, vós os defendeis de um modo extravagante, dizendo que eles "roubam mas produzem". Dentro da imoralidade que é o roubo, introduzis uma nova moral que justifica o próprio roubo, demonstrando qual é a vossa mentalidade atual.

Esse é um dos clássicos exemplos da inversão de valores que identifica a sorrateira influência da Besta. A Besta exerce tal fascínio que as coisas mais aberrantes são praticados como sensatas, valiosas e justas.

Por trás, nos bastidores do invisível

As forças inferiores buscam, sorrateiramente, a modificação interior do homem, mas sem golpeá-lo com violência; evitam que ele identifique, de súbito, a nova moral que lhe inculcam.

Os homens ainda desconhecem o terrível comando psíquico e disciplinado que se esconde atrás de seus atos desregrados, assim como ignoram a trama mefistofélica dos grandes gênios das sombras. Cerebrações maquiavélicas, de intelecto requintado e coração endurecido, que se retardam propositadamente na evolução, esperançados do domínio absoluto do mundo físico, elaboram os mais execráveis projetos de desregramento, para construírem o elo de ligação definitiva entre si. Esses infelizes agentes das trevas são vezeiros em subverter a aparência dos seus objetivos, lançando a confusão e operando a inversão dos valores no mundo da carne.

À medida que se estende a hipnose coletiva, sob o magnetismo invisível dos Espíritos das trevas, aumenta o número de seres invigilantes que se tornam verdadeiras "marionetes" ou fantoches movidos grotescamente pelos fios comandados pelo cinismo do Além.

Os conceitos salutares são enfraquecidos, passando a ser considerados princípios ridículos e ingênuos. Então o psiquismo coletivo, escravo das sensações inferiores da Besta dominante, torna-se o meio satisfatório para que os comandos das sombras possam agir.

3. O astro intruso

A eclosão dos acontecimentos do "fim dos tempos" dar-se-á pela presença de um planeta que se move em direção à Terra e cuja aproximação já foi prevista remotamente pelos Engenheiros Siderais. O seu conteúdo magnético, poderosíssimo, obrigará progressivamente à elevação do eixo terráqueo.

Trata-se de um planeta impregnado de magnetismo primário, muitíssimo vigoroso.

Já vos encontrais movendo-vos nessa aura etéreo-astral do estranho planeta que no momento, atua de dentro para fora.[2] Enquanto a natureza física do vosso mundo progride sob fenômenos desarmônicos e o degelo aumenta, também se acicatam o temperamento e o magnetismo das criaturas, consolidando pouco a pouco o reinado do Anticristo.

A verticalização do eixo – o aquecimento global

A verticalização, quando for percebida, será atribuída à periodicidade espontânea dos movimentos naturais do orbe. Dificilmente a vossa ciência haverá de aceitar a "absurda" notícia da aproximação de um planeta desconhecido.

O atrito magnético, que provocará gradativamente o aquecimento do vosso orbe, será levado à conta de fenômeno comum. Mas, apesar de todas as explicações cientificamente muito "bonitas" dos vossos cientistas, os acontecimentos se efetivarão de acordo com os planos dos Construtores Siderais e não conforme as opiniões acadêmicas! Convém noteis, entretanto, que apesar de serem muito naturais as conclusões sensatas do "aquecimento natural" e das "modificações geofísicas" do globo terrestre, merece reflexão o fato de que esses acontecimentos venham a coincidir exatamente com o momento dos "tempos chegados".

Função higienizadora do astro intruso

Simbolizai esse astro num gigantesco aspirador magnético que deve efetuar a absorção dos detritos mentais que obscurecem a atmosfera etéreo-astral da Terra, e que servem de barreira às influências benéficas dos bons Espíritos.

Em virtude do seu magnetismo primitivo, denso e agressivo, ele se assemelha a um poderoso ímã planetário, absorvendo da

2 Deixa-nos supor que o astro intruso possa estar situado noutra dimensão de mundo físico — ao menos por enquanto.

atmosfera do vosso globo as energias deletérias, e por esse motivo o figuramos como um planeta "higienizador".

O astro que vos visitará só há de absorver a porcentagem de magnetismo deletério terráqueo que vibrar com ele.

Função de astro-exílio

O papel desse astro é o de atrair para o seu bojo etéreo-astral todos os desencarnados que se sintonizam com a sua baixa vibração; analogamente às limalhas de ferro atraídas por ferro magnético, os espíritos terrícolas desregrados – denominados "pés de chumbo" – ver-se-ão solicitados para a aura do orbe visitante.

À medida que os espíritos forem desencarnando, serão selecionados no Espaço, no "julgamento dos vivos e dos mortos", já assinalados pela efervescência do magnetismo nocivo e sintonizado com o do astro intruso.

Essas entidades atraídas para o astro intruso serão os egoístas, os hipócritas, os cruéis, os desonestos, os orgulhosos, tiranos, déspotas e avaros; estarão incluídos entre eles os que exploram, tiranizam e lançam a corrupção.

Não importa que sejam líderes ou sábios, cientistas ou chefes religiosos; a sua marca, ou seja o selo "bestial", está identificada com o teor magnético do planeta primitivo.

Eles situar-se-ão numa paisagem afim com os seus estados espirituais; encontrarão o cenário adequado aos seus despotismos e degradações, pois o habitante desse orbe encontra-se na fase do homem das cavernas; mal consegue amarrar pedras com cipó para fazer machados! O planeta primitivo é o seu mundo eletivo, porque já lhes palpita sincronicamente no âmago das almas.

Atuação sobre o psiquismo dos terráqueos

Já estais vivendo essa atração do astro intruso. Gradativamente ela se exerce em correspondência com o estado vibratório de cada espírito. Legiões de criaturas adversas aos princípios crísticos sentem-se acionadas em seu psiquismo inferior e rompem as algemas convencionais da moral humana, lançando-se à corrupção, à devassidão, ao roubo organizado e ao caos da cobiça. É o momento profético das definições; todo o conteúdo subvertido do espírito virá à tona, excitado pelo magnetismo primitivo do planeta intruso!

Os fluidos que constituem o magnetismo inferior daquele astro agem através das camadas astrais mais densas e entram em sintonia com idêntico potencial latente em cada espírito reencarnado ou desencarnado em torno da Terra. As vibrações psíquicas inferiores do planeta intruso, de um teor energético animalizado, avivarão tendências semelhantes na alma dos terrícolas.

Sob esse excitante convite interior, que desata as amarras frágeis do instinto inferior, os invigilantes terminam materializando à luz do mundo exterior aquilo que lhes dormita latente no energismo da esfera animal.

A profética figura da "Besta" do Apocalipse se fará visível na soma das paixões humanas que hão de explodir sob o estímulo vigoroso desse astro elementar.

Detonador psíquico de forças ancestrais do homem

A natureza inferior está latente em todos os seres, de vez que é a própria paixão animal que serve para plasmar os organismos da estrutura humana. Ela serve de base para o crescimento da consciência do homem,[3] assim como o caule selvagem é fundamento para germinação da planta superior que lhe é enxertada.

Em consequência, essa energia telúrica do mundo inferior está sempre viva no psiquismo humano e, através dos ancestrais hereditários, ela se reaviva na psique reencarnada, cumprindo a esta dominá-la ou sublimá-la para fins superiores.

O planeta intruso é vigoroso "detonador" psíquico dessas formas agrestes que ainda dormitam na alma humana. A sua aura, que é força magnética atrativa, atuará nas zonas astro-etéricas de todos os seres, acordando-lhes o gosto e as tendências animalescas.

Dr. Bezerra de Menezes fala sobre o astro intruso e sua influência nos mesmos termos que Ramatís

...Não se deixem atribular pelo crescente das aflições e dos desajustes coletivos. Isto está sob a observação destes nossos dirigentes sublimes, que nos informam que a Terra penetra, nestes tempos, em mais uma densa zona de influência magnética primitiva, na qual já navegava há algumas décadas, mas que agora, se torna mais compacta, com as consequências danosas para todos os que lhes aceitem a influência.

Não se trata de área visível aos olhos ou aparelhos ópti-

3 Vide o texto "A Ferramenta Superada".

cos desenvolvidos pela tecnologia primitiva dos homens. É ambiente magnético-psíquico cujo fulcro está no CORPO CELESTE QUE SE ACERCA CADA VEZ MAIS DE NOSSO SISTEMA e que transmitirá não apenas suas influências gravitacionais e elétricas a tudo o que lhe esteja no campo de ação, mas, de igual sorte, envolverá a todos como essa densa nuvem de vibrações primitivas, atuando sobre tudo o que lhe penetre a área de influência.

Isso propiciará modificações de comportamento, eclosão de enfermidades em decorrência de sintonias negativas, alteração de hábitos, agravamento de tendências e defeitos pela somatória de forças de mesma direção, efeito de ressonância ou harmonia dos Espíritos que vibram segundo as influências inferiores derivadas diretamente do potente campo psíquico do orbe estranho.

No Final da Última Hora, Espírito Lúcios, médium André Luiz Ruiz, p. 217.

4. O lado oculto do astro intruso

Não esqueçais que toda profecia apresenta duas revelações: uma que pode ser descrita ao pé da letra e entendível na hora da predição; outra cabalística, que exige certo conhecimento iniciático para ser devidamente compreendida, porquanto só se ajusta a formas ainda desconhecidas, do porvir.[4]

A parte interior, iniciática e sidérica, de nossas mensagens, tem sido compreendida pelos que estão familiarizados com o mecanismo velado sob o "Véu de Isis", mas a realidade científica, que se esconde sob a alegoria incomum, absurda no presente, mas realidade habitual no futuro, cabe realmente à ciência, conforme determina a ética sideral da evolução. Por esse motivo, não podemos antecipar-nos aos astrofísicos nem às soluções acadêmicas.

Estamos noticiando-vos o acontecimento em geral. em

4 De 1949, quando *Mensagens do Astral* foi publicado, para cá, a física e a astrofísica abriram horizontes inéditos de compreensão da estrutura do universo. Hoje está disseminada a noção de um universo com múltiplas dimensões, a existência da invisível porém necessária "matéria escura" e da "energia escura", a perspectiva dos "atalhos espaciais" ou buracos de minhoca previstos por Einstein, e a interconexão quântica de todo o universo, para mencionar só os mais instigantes. Essas múltiplas dimensões entreabrem possibilidades que a ciência terrestre nem chegou a explorar. Tudo isso pode servir de elementos de reflexão ao se tratar da natureza do astro intruso...

bases mais ou menos acessíveis à vossa mente, mas veladas.

A natureza (ainda) oculta do astro intruso

Incalculável número de fenômenos ligados aos astros, estrelas e orbes que rodopiam no vosso céu ainda vos são desconhecidos, devido à precariedade da vossa instrumentação astronômica. **Assim que a Astronomia solucionar problemas importantes no campo da ótica e da física eletrônica, o planeta intruso será observado através das lentes de profundidade etérica, pois que ainda trafega num campo luminoso inacessível aos atuais telescópios.**

A passagem do astro intruso também escapa, no momento, à aplicação "ao pé da letra" das vossas leis astronômicas conhecidas e tradicionais. Existe algo mais que transcende o absolutismo das leis acadêmicas, e que no momento só é compreensível a certo grupo de estudiosos dos assuntos extraterrenos (grifamos).

Só os que têm "olhos de ver" já terão descoberto o que realmente se esconde atrás do "Véu de Ísis" a respeito do astro intruso! Os que realmente "sentem" o fenômeno despreocupam-se da exatidão das leis conhecidas, por compreenderem que não podem ser aplicadas naquilo que ultrapassa as dimensões comuns da forma.

Novas leis para novos saberes – e o astro aparecerá

As leis do "saber" físico do século XV desmentiam o estranho "sentir" de Colombo, na intuição da existência de um novo mundo além do oceano; mas sua confiança que contradizia os cânones acadêmicos da época, conduziu-o à descoberta da América.

Apesar de todo o rigorismo científico do passado, que não admitia que pudesse voar o mais pesado que o ar, vossos céus vivem povoados de gigantescas aeronaves com toneladas de peso.

Sob a regência da lei dos pesos relativos, nos líquidos, ninguém admitiria que um quilo de ferro pudesse flutuar; no entanto, sob os recursos de novas leis descobertas posteriormente, centenas de toneladas de ferro flutuam nos rios e mares, na figura de cruzadores e transatlânticos.

Assim que os vossos cientistas ajustarem novos princípios na esfera astronômica, verificação a lógica e a sensatez do que afirmamos sobre o advento do astro intruso.

5. Os exilados da Terra

Os que serão exilados

Segundo prevê a Psicologia Sideral, dois terços da vossa humanidade é o total dos espíritos a serem transferidos para o astro intruso.

Os profetas assinalaram: Isaias, XXIV: "E serão deixados poucos homens". Zacarias, XIII: "Duas partes dela serão dispersas e perecerão; e a terceira parte ficará nela".

Jesus disse: "E serão julgados os vivos e os mortos", isto é, os encarnados e desencarnados. Esse julgamento já está se processando.

Libertar-se-ão da matéria dois terços da humanidade, através de comoções sísmicas, inundações, maremotos, furacões, terremotos, catástrofes, hecatombes, guerras e epidemias estranhas.

A reencarnação no planeta inferior

Quando os alunos relapsos não conseguem assimilar as suas lições, são contemplados com promoções para cursos superiores ou veem-se obrigados a repetir o mesmo curso?

As almas exiladas da Terra para um mundo inferior não involuem, apenas reiniciam o aprendizado. Após se corrigirem, hão de regressar à sua verdadeira pátria no orbe terráqueo. Mas não retornarão à Terra antes de seis a sete milênios.

Progresso para ambos os lados

Esse astro (do exílio) lembra a fase pré-histórica do vosso globo, nos primórdios formativos do Homem do Sílex (*Era da Pedra*).

O psiquismo do terrícola exilado, embora impróprio para a Terra, é considerado superior no planeta primitivo, e só tende a melhorar o padrão do corpo astral e físico do homem das cavernas. O homem terrícola, com o perispírito mais dinâmico e com um sistema de chacras mais apurado, irá melhorar a configuração dos descendentes dos primatas.

Os exilados se retificam compulsoriamente no comando dos corpos vigorosos dos homens das cavernas, porque ficam privados dos impulsos viciosos na carne primitiva. Sob o instinto do cosmo celular selvático, eles reaprendem as lições; e os homens das cavernas recebem os impulsos para as aquisições dos germens da filosofia, da ciência, da arte e do senso religioso.

Características dos exilados

Na realidade, os exilados da Terra serão aqueles que perderam os pelos, mas não evoluíram do animal para o homem; vestidos com trajes modernos mas em discordância com a sua índole. Sob o imperativo da lei, esses "homens das cavernas", desajustados na Terra, serão encaminhados ao seu verdadeiro ambiente psicológico.

Os homens das cavernas habilmente disfarçados sob os trajes elegantes, o desembaraço oral e o volumoso arquivo literário ou científico, criam desatinos em vosso mundo, em vésperas de promoção espiritual.

Eles são egocêntricos e descontrolados, instintivos e ambiciosos, repletos de cupidez pela mulher do próximo; no mundo dos negócios, idealizam planos argutos favoráveis à parentela e a si mesmos; semeiam intrigas políticas e criam trustes asfixiadores; favorecem a indústria do álcool, mas dificultam a produção do leite e do pão. Significam perigosa horda de selvagens vestidos a rigor, que galgam posições-chave na sociedade e na administração pública, mas enceguecidos pela volúpia do ouro e do prazer.

A triste caravana dos que emigrarão para um orbe inferior inclui os que planejam os arrasamentos das cidades pacíficas; os técnicos impassíveis que movem botões eletrônicos para destruição a distância; os cientistas satânicos que operam nos laboratórios na preparação dos engenhos de morte; os que exaurem fosfatos na busca de meios mais eficientes para assassinatos coletivos nos matadouros ou nas matas; os que criam indústrias para o fabrico de instrumentos criminosos; os autores de engenhos malignos que transformam aviões em monstros vomitadores de bombas.

E a triste caravana será engrossada com os provindos das corrupções administrativas; os que se locupletam com os bens públicos; as almas venais, que transformam a consciência em balcão; os exploradores sensacionalistas das desgraças alheias; os jornalistas, escritores, tribunos e políticos que instigam ou defendem as forças do ódio, indiferentes à educação da consciência das massas; os que obrigam as mãos que lavram o solo a tomar armas para o extermínio fratricida; aqueles que insuflam o ódio racial; os que industrializam as graças divinas a troco da moeda profana; os que pregam fraternidade promovendo a separatividade e empregam os recursos da violência para a conversão dos infiéis.

A presença em massa dos "exiláveis" hoje na Terra

Em vossos dias, a corrupção se estende perigosamente e as criaturas se deixam seduzir pelo prazer desregrado e pela inversão dos valores. É a descida em massa, que se está verificando, dos espíritos rebeldes, frios, egocêntricos, criados no meio da incompostura moral; espíritos sedentos de sensualidade da carne; inimigos da disciplina e da ordem; deliberadamente afeitos à malignidade. Ignoram, entretanto, que sua reencarnação na Terra está sendo autorizada pelo Alto, a fim de que desça à Terra o maior número possível de desregrados, para que sejam julgados tanto os vivos como os mortos. Os espíritos satanizados que se estão reencarnando até então estavam impedidos de fazê-lo. Por isso, os desatinos de Babilônia, Sodoma e Pompéia serão reproduzidos por ocasião do desregramento geral que se verificará, provocado pelos "desamarrados" do Além, figurados em Satanás, mas que findarão o seu poderio diante da depuração do "juízo final", indo para o mundo primitivo do astro intruso, que simboliza a "esquerda" do Cristo.

6. Os Engenheiros Siderais

Os Engenheiros Siderais ou Arcanjos Construtores, podemos figurá-los como "Divinos Condensadores" que se interpõem entre a Luz Máxima, refulgente, de Deus, e a graduam através de suas próprias consciências galáticas, constelatórias, planetárias.

Os Engenheiros Siderais são os "reveladores", na forma tangível, daquilo que preexiste eternamente no mundo interior, mental e virgem de Deus; são intermediários entre essa Vontade Absoluta e Infinita, para fazê-la pousar até nas rugas das formas dos mundículos microcósmicos!

Os Engenheiros Siderais dão forma àquilo que já é um plano perfeito na Mente Divina e, por esse motivo, todas as operações são previstas com trilhões ou quatrilhões de anos e se situam num desdobramento evolutivo, revelando-se gradativamente na forma.

Os Engenheiros Siderais são, na realidade, as indescritíveis inteligências arcangélicas que atuam na região interna das forças arquetípicas dos mundos, nas próprias "matrizes" siderais, que permanecem latentes na Mente do Criador.

Edificam e alimentam os mundos

Eles constituem os núcleos vivos de energias que alimentam a vida nos diversos reinos dos mundos físicos que compuseram pela sua poderosa vontade inspirada pela Suprema Vontade do Pai.

Após a consolidação desses mundos materiais surge, então, a indescritível hierarquia menor de trabalhadores aos quais os edificadores entregam as tarefas subsequentes.

O Engenheiro Sideral, o Arupa Deva ou Arcanjo Planetário usa de sua vontade poderosa fora do tempo e do espaço; aglutina a energia, condensa-a sob processos inacessíveis à mente humana e se torna então o "revelador" das matrizes siderais pensadas eternamente por Deus. Opera de dentro para fora.

O Pensamente Criador do Onipotente situa-se na mente de seus prepostos arcangélicos no plano mental abstrato, e em seguida baixa ao plano mental concreto; deste, desce para o campo vibratório da região astral, até pulsar na região etéreo-química onde se confeccionam os moldes de todas as expressões da vida física. Dessa última zona surgem no mundo físico todas as ações e a vida, que se interpenetram das energias dos planos antecedentes, e das quais os cientistas comuns ainda ignoram a verdadeira origem.

Eles são a Providência Divina atuando

Eles sustêm em suas auras imensuráveis a consciência física dos mundos e a consciência espiritual de cada humanidade.

Cada uma dessas Consciências Arcangélicas, que abrange um planeta, sistema solar ou galáxia, "sabe" e "sente" quais as necessidades evolutivas das humanidades ali existentes – assim como a vossa consciência, situada no cérebro físico, sente todas as carências do vosso corpo e providencia-lhe os socorros para a sobrevivência física.

Há, então, um intercâmbio incessante entre as consciências menores, situadas nos reinos inferiores, e as maiores, que interpenetram sistemas e galáxias, sob a coordenação da Consciência Infinita e Eterna de Deus!

Muitas criaturas abandonam-se à intuição e confiam plenamente na providência divina porque sabem que, realmente, através da escadaria infinita de consciências graduadas no Cosmo, a mais sutil aspiração humana consegue sua realização, de conformidade com o seu merecimento espiritual.

Uma hierarquia cósmica: Logos Galático, Logos Solar, Logos Planetário

Todas as galáxias possíveis de serem evocadas em vossas mentes formam o corpo de um Arcanjo que, por sua vez, coordena harmonicamente os Arcanjos (Logos) de cada galáxia; em cada uma delas, o seu Arcanjo (Logos) controla os sistemas solares e seus orbes, e os Arcanjos dos sistemas solares (Logos Solares) disciplinam e proveem cada sistema sob sua direção; cada Arcanjo ou Logos Solar materializa e alimenta a substância e os orbes do seu sistema.

Em consequência, a Terra, Marte, Júpiter, Mercúrio, Saturno ou qualquer satélite menor de um desses orbes é, também, o corpo visível do seu Espírito Planetário (Logos Planetário), que é o verdadeiro coordenador das necessidades dos reinos, seres e coisas ali existentes.

Todas as tradições falaram deles

A tradição religiosa de todos os povos de há muito os tem anunciado sob as características de cada credo, religião ou doutrina: são os Arupa Devas e os Rupa Devas dos hindus ou budistas; os Senhores do Céu e da Terra, na linguagem dos zoroastrinos, ou ainda, os Anjos ou Arcanjos dos maometanos, cristãos ou hebreus, ou então os Senhores Soberanos dos Quatro Elementos, entre certas escolas ocultistas, e também os Magos dos Sete Mundos, das escolas atlantes.

Foram ensinados na doutrina espírita

André Luis, ao início de *Evolução em dois Mundos*, conceitua:

> Co-Criação em Plano Maior – Nessa substância original (o fluido cósmico), ao influxo do próprio Senhor Supremo, operam as Inteligências Divinas a Ele agregadas, em processo de comunhão indescritível, os grandes Devas da teologia hindu ou os Arcanjos da interpretação de variados templos religiosos, extraindo desse hálito espiritual os celeiros da energia com que constroem os sistemas da Imensidade, em serviço de Co-Criação em plano maior, de conformidade com os desígnios do Todo-Misericordioso, que faz deles agentes orientadores da Criação Excelsa.
> Essas Inteligências Gloriosas tomam o plasma divino e

convertem-no em habitações cósmicas, de múltiplas expressões, radiantes ou obscuras, gaseificadas ou sólidas, obedecendo a leis predeterminadas, quais moradias que perduram por milênios e milênios, mas que se desgastam e se transformam, por fim, de vez que o Espírito Criado pode formar ou co-criar, mas só Deus é o Criador de Toda a Eternidade.

Impérios Estelares – Devidas à atuação desses Arquitetos Maiores, surgem nas galáxias as organizações estelares como vastos continentes do Universo em evolução e as nebulosas intergaláticas como imensos domínios do Universo, encerrando a evolução em estado potencial, todas gravitando ao redor de pontos atrativos, com admirável uniformidade coordenadora.

É aí, no seio dessas formações assombrosas, que se estruturam, interrelacionados, a matéria, o espaço e o tempo, a se renovarem constantes, oferecendo campos gigantescos ao progresso do Espírito.

Os Logos ou arcanjos planetários

Cada orbe possui o seu Arcanjo/Logos Planetário, que é apenas uma "vontade espiritual" arcangélica, materializada exteriormente e ligada ao infinito rosário de outras vontades maiores, que se fundem na Vontade última, que é Deus.

Quando o Mestre afirmou "Eu e meu Pai somos um" e "Ninguém vai ao Pai senão por mim", era o Cristo Planetário que atuava e transmitia o Seu Pensamento por intermédio de Seu divino médium – Jesus.

O sublime médium do nosso Logos/Cristo Planetário

Jesus não é um Arcanjo, mas sim um Anjo, o que difere muito, pois o Anjo ainda pode atuar no mundo humano, mas para os Arcanjos não há possibilidade de ligação direta com as formas físicas das moradas planetárias.

Jesus é a mais alta Consciência Diretora da humanidade terrena, que se liga diretamente à sublime consciência do Arcanjo Planetário da Terra.

Conhecedor profundo da escadaria hierárquica sideral, o Messias guardava profunda ternura para com o Espírito do Cristo Planetário, situado imediatamente acima de sua individualidade sideral; sabia o caminho exato para a criatura tomar contato mais direto com o Criador dos Mundos.

Jesus era o prolongamento vivo do Cristo Planetário da Terra, o "degrau" sideral para a jornada humana em busca da eterna ventura espiritual.

7. O Manvantara – o grande plano da criação

Na tradição hindu, a sistemática da Criação Divina se processa em duas fases: O Dia e a Noite de Brahma, (quando Deus cria e quando Ele dissolve o Universo material), ou a Respiração cósmica de Brahma (Deus), composta de uma fase de expiração (construção) e outra de inspiração (desconstrução) do Cosmo visível.

A teoria atual do Big Bang e a constatação de que o Universo está em expansão, com as galáxias se afastando progressivamente, como numa explosão cósmica, só fez confirmar esse conhecimento multimilenar. A teoria do Universo Pulsante – com sucessivas fases de expansão e contração – veio completar a identidade da visão científica com o ensinamento milenar do Manvantara.

O dia e a noite de Brahma

A filosofia oriental procurou distinguir, no Onipotente, a fase de sua "descida" à forma exterior-matéria e, depois o "retorno" ou a dissolução da substância, como a libertação do Espírito Cósmico da forma. Em consequência, A "expiração" é a descida angélica para fora, ou exterior, e que no Oriente se denomina "Dia de Brahma", isto é, quando Deus cria. A segunda fase é a "aspiração", ou seja, a "Noite de Brahma", quando Deus dissolve o Cosmo exterior.

O "Grande Plano" – denominação mais apropriada para a mente dos ocidentais – ou Manvantara, da escolástica oriental, abrange, então, essas duas fases de expirar e aspirar, ou sejam o Dia de Brahma e a Noite de Brahma, em que Brahma ou Deus completa uma "Respiração", ou seja, um Grande Plano ou Manvantara.

No Dia de Brahma, Deus gera, para que se cumpra o que é planejado no Pensamento Cósmico.

A Noite de Brahma é a "desmaterialização" do panorama objetivo do Cosmo, e a libertação do Espírito para o seu estado original. Ambos completam então o Grande Plano ou Manvantara atuante nos sete mundos (ou planos).

Fogos de artifício cósmicos

Assegura a vossa ciência que o Universo se encontra em fase de contínua expansão; assemelha-se a gigantesca explosão que se dilata em todos os sentidos. Efetivamente, a imagem está próxima da realidade; entretanto, como o tempo no vosso mundo é relativo ao calendário humano, não podeis avaliar essa explosão na eternidade da Mente Divina! Para Deus, esse acontecimento é tão instantâneo como o explosivo que rebenta no espaço de um segundo terrestre.

Mas essa expansão não se verifica apenas na estrutura na matéria cósmica que anotais através de vossos instrumentos científicos, pois o envoltório físico é o vestuário exterior e provisório dos Augustos Espíritos do Senhor, (Engenheiros Siderais) cujas auras consciencíais também se expandem em todos os sentidos, no indescritível processo de criar e evoluir.

Cada um dos Grandes Planos ou Manvantaras, de bilhões de anos do vosso calendário, significa para Deus a sensação de uma explosão comum que efetuais com fogos de artifício! O Cosmo, eliminada a ideia de tempo e espaço, é apenas uma eterna "Noite Feérica" e infinita festa de beleza policrômica, decorrendo sob a visão dos Espíritos Reveladores da Vontade e da Mente Criadora dos mundos.

E como a matéria, ou energia condensada, através da fase da Noite de Brahma, retornará ao estado de pura energia, os mundos físicos são provisórios, considerados a Grande Ilusão, ou seja, o "Maya" da tradição oriental, pois é aquilo que se transforma, que muda, e portanto o produto do tempo.

O antigo conhecimento iniciático de todas as Eras

O que vos estamos transmitindo são conhecimentos velhíssimos e corriqueiros entre os pesquisadores da filosofia oriental, em cujo ambiente nos situamos em várias romagens terrenas. Eles têm sido conservados desde os primórdios das civilizações, na atmosfera dos templos iniciáticos, mas nos dois últimos séculos já estão prodigamente esparsos pelas prateleiras de vossas livrarias, como joias esquecidas pela mente demasiadamente intelectiva e menos sensível do ocidental.

8. O universalismo de Ramatís

As religiões são meios, não fins em si mesmas.

Ramatís

O principal "toque pessoal" que Ramatís desenvolveu em seus discípulos foi o pendor universalista, a vocação fraterna, crística, para com todos os esforços alheios na esfera do espiritualismo. Ele nos adverte sempre que os seus íntimos e verdadeiros admiradores são também incondicionalmente simpáticos a todos os trabalhos das diversas correntes religiosas do mundo. Revelam-se libertos de exclusivismo doutrinário ou de dogmatismo e devotam-se com entusiasmo a qualquer trabalho de unificação espiritual. O que menos os preocupa são as questões doutrinárias dos homens, porque estão imensamente interessados nos postulados crísticos.[5] – Explicação do médium ao início de *Mensagens do Astral*.

As religiões são meios, não fins

Diz textualmente Ramatís: – "Servem-lhes o ambiente do templo protestante, a abóboda da igreja católica, a mesa branca dos tatwas esotéricos, os salões dos teosofistas, o labor fraternista rosacruz, o acampamento krishnamurtiano, a penumbra da sessão espírita, o canto dos salvacionistas nas praças públicas, a ruidosidade da umbanda, as posturas muçulmânicas, os lamentos mosaístas, o fatalismo budista, o silêncio dos yogues, o sincronismo dos cenáculos ou as estrofes mantrânicas dos iniciados. Não os preocupam os invólucros dos homens; sentem a realidade contínua do espírito, que só lhes inspira o amor e a fraternidade, a qualquer momento e em qualquer local! Não se adaptam a exclusivismo algum, e evitam que os postulados doutrinários lhes cerceiem a liberdade da razão".

Crer, apenas, é inútil

Que importa o homem crer ou descrer, caso ele ainda não se modifique interiormente?"

No vosso mundo existem milhares e milhares de homens que creem veementemente em Deus, frequentam templos e instituições espiritualistas, mas vivem de maneira tão censurável, que desmente frontalmente a posse dos atributos do mesmo Criador

5 "Crístico", no dizer de Ramatis, é sinônimo de amor universal, não de rótulo doutrinário cristão.

em quem eles creem acreditar.

Se fizessem uma estatística honesta e autêntica para verificar quais os homens que mais devastaram a face da Terra e contribuíram para a miséria e desdita humanas, ficariam estarrecidos ao comprovar que os religiosos fanáticos foram justamente os mais demoníacos destruidores da nossa própria escola física de educação espiritual.

O Velho e o Novo Testamento têm produzido mais seitas, crenças diferentes e fanáticos perigosos do que o bem que eles realmente deveriam produzir.

Não opomos qualquer protesto quanto à necessidade do homem crer para se renovar, crer para se higienizar espiritualmente, crer para se aperceber do divino, crer para atender ao impulso íntimo de comunhão com Deus, na busca da ascese angélica. Mas é ignomínia a crença que divide homens e se transforma em fator de desavença, ruína, ódio e tragédia.

Capítulo 3

A Vida no Planeta Marte e os Discos Voadores

Hercílio esteve lá

É comum que os mentores de médiuns psicógrafos os levem durante a noite, em corpo astral, a conhecer situações e ambientes que depois deverão descrever.

Hercílio Maes dizia que Ramatís costumava lançar mão desse recurso. E certa ocasião, em que se falava da obra *A Vida no Planeta Marte e os Discos Voadores*, e da descrença de alguns sobre a civilização marciana, Hercílio comentou, com sua simplicidade característica: "Eu estive lá... Ramatís levou-me lá durante a noite e eu vi tudo aquilo... eu vi...", como se dissesse: "Que posso fazer? É assim mesmo..."

Só dois médiuns autorizados a falar de Marte

Os espíritas céticos ou detratores dessa obra – só porque não lhes agrada, sabe-se lá por quê – curiosamente esquecem-se de um detalhe fundamental:

Chico Xavier, o grande Chico da devoção espírita, foi companheiro de Hercílio Maes na descrição da vida no planeta Marte. Dois únicos médiuns, no Brasil, foram até hoje autorizados pelos Maiores da espiritualidade a descrever a civilização marciana: Hercílio Maes e Chico Xavier.

Chico e o planeta Marte

Há duas obras recebidas pelo grande médium mineiro que reproduzem as mesmas informações de Ramatís: a primeira, ditada pela própria mãe de Chico, Maria João de Deus, *Cartas de uma Morta*, sob a supervisão de Emmanuel, e a segunda de Irmão X (Humberto de Campos), que, em *Novas Mensagens*, apresenta um capítulo intitulado "Marte". As informações de ambos são perfeitamente coincidentes com as de Ramatís.

(Apenas, a obra de Ramatís, mais extensa, entra em detalhes sobre todos os aspectos da civilização marciana).

Ah, sem falar na declaração do próprio Emmanuel na obra que leva o seu nome, no capítulo "A Tarefa dos Guias Espirituais": "...Assim como Marte e Saturno já atingiram um estado mais avançado em conhecimentos, melhorando as condições de suas coletividades..."

Dois pesos e duas medidas? Ou Chico Xavier nos iludiu?

É um tanto estranho, absurdo mesmo, que as mesmas informações, dadas em Uberaba, por intermédio de Chico, sejam dignas de crédito e referendadas pelo espiritismo "oficial", enquanto ao chegarem a Curitiba, por Hercílio, suscitem dúvidas e ataques. Afinal, existe ou não vida em marte?

Ora, se Ramatís e Hercílio se equivocaram ou nos iludiram, então os leitores brasileiros foram iludidos também por Chico Xavier, Emmanuel, a mãe do Chico e Humberto de Campos, com a sanção e o respaldo da Federação Espírita Brasileira....

É curioso que se silencie sobre essa obviedade.

Mas, e as fotos de Marte?[1]

E as fotos de Marte, feitas pelas sondas da NASA?

Os ramatisianos de coração aguardam tranquilamente, porque sabem que a verdade não tarda muito, agora, a vir à tona.

---

1 Extrato da obra *Simplesmente Hercílio*, de Mauro Maes – Editora do Conhecimento.

Tem mais coisa aí

Quem realmente se interessa pela realidade oculta do planeta Marte, poderia consultar a obra *Marte, a Verdade Encoberta* (Editora do Conhecimento), onde Marco Antonio Petit, respeitado pesquisador ufológico, após exaustiva pesquisa no site da NASA, analisa as fotos das últimas sondas pousadas em Marte. E ali, realidades impactantes começam a surgir... Uma presença oculta, mas gentil e inteligente, se fez contundentemente deixar "ver", como um recado aos homens da Terra...Veja quem tem olhos de ver e interesse de buscar.

E se a vida no planeta Marte se encontrasse situada em uma dimensão ainda física, porém um pouco mais sutil, de frequência algo superior à da nossa? Há revelações sobre isso de um espírito marciano – Hamod, afim de Ramatís, em uma obra instigante intitulada "Missão Planetária", coordenada por Ramatís, ditada ao médium Sávio Mendonça, a editar-se em breve.

Na obra *Mergulho no Hiperespaço,* de Moacir Uchôa, Ed. do Conhecimento, o respeitado ufólogo relata que ouviu exatamente isso dos extraterrestres com os quais estabelecia contato: a sua civilização, em planeta de outro sistema da galáxia, situava-se numa dimensão ainda física, porém mais sutil que a nossa, e o desaparecimento súbito das naves que nos visitam, que "somem" instantaneamente da vista, resulta de seu ingresso nessa outra dimensão, para nós invisível, do mundo físico.

Até a ciência oficial já admite outras dimensões

Hoje, os físicos mais avançados e atualizados admitem tranquilamente a possibilidade da existência de diversas dimensões no universo. A famosa Teoria das Supercordas abriu horizontes novos para se pensar a constituição do Universo. A teoria bosônica das cordas tem 26 dimensões, enquanto a teoria das supercordas e a Teoria-M envolvem em torno de 10 ou 11 dimensões.

A física está quase chegando antes dos espiritualistas e esotéricos no desvendar das realidades insuspeitadas do Cosmo...

E quando surge Alguém a entreabrir um pouco as cortinas da nossa ignorância, mostrando, não ainda os últimos segredos galáticos, mas a simples realidade de nossos vizinhos de sistema, quase em nosso quintal, como é o planeta Marte, já cansados de nos visitar, inclusive...o que fazemos? Como avestruzes, muitos esperneiam e protestam, mesmo diante da pura lógica que caberia pelo menos a espíritas e espiritualistas coerentes adotar, conforme acima indicado.

1. Ramatís e a mãe de Chico Xavier descrevem o planeta Marte

Maria João de Deus, mãe de Chico Xavier, ditou a ele a obra *Cartas de Uma Morta* (Ed. Lake). Nela, as descrições de sua viagem em espírito ao planeta Marte coincidem ponto por ponto com as de Ramatís, em *A Vida no Planeta Marte e os Discos Voadores,* ditado a Hercílio Maes (Ed. do Conhecimento). Comparemos:

> É uma afirmativa audaciosa dizer-vos que pude ver o planeta Marte. A verdade, porém, tem igualmente as suas revelações pelos caminho da fé. Nem tudo se mostra somente nas análises frias dos laboratórios. **Dia virá que os homens hão de verificar a veracidade de nossas afirmativas.**
>
> Não pude fazer sozinha uma excursão dessa natureza. O guia de sempre (*Emmanuel*) conduzia meus passos. (Maria João de Deus)
>
> Vi-me à frente de um lago maravilhoso, junto de uma cidade, formada de edificações profundamente análogas às da Terra. (M.J.D.)
>
> É no campo decorativo e no mobiliário (das residências) que os terrícolas mais se aproximam dos marcianos, dando-se o mesmo com os edifícios públicos.
>
> Os edifícios escolares são algo semelhantes às últimas edificações escolares do vosso mundo. (Ramatís)
>
> A vegetação era ligeiramente avermelhada. (M. J. D.)
>
> A vegetação é ligeiramente avermelhada. Quando tenra, apresenta matizes de verde-azulado, com gradações da cor alaranjada e sinais primários do vermelho. (Ramatís)
>
> As flores e os frutos particularizavam-se pela variedade de cores e de perfumes. (M. J. D.)

Nas exposições florais a ciência marciana expõe as suas maravilhosas composições. (Há) riqueza de cores, perfumes e formas prodigiosas, que recordam as paisagens edênicas. A "luz vegetal" à noite, lembra cenários de um conto de fadas.

O frutos mais preciosos são... de caldo saboroso, de aveludada carne vegetal, concentrada, nutritiva, odorante. (Ramatís)

Percebi, perfeitamente, a existência de uma atmosfera parecida com a da Terra, mas o ar, na sua composição, afigurava-se muitíssimo mais leve. Assegurou-me então o Mestre que me acompanhava que a densidade em Marte é sobremaneira mais leve, tornando-se a atmosfera muito rarefeita. (M. J. D.)

A atmosfera de Marte é semelhante à da Terra, embora mais rarefeita, bastante tênue para os vossos pulmões. (Ramatís).

Vi homens mais ou menos semelhantes aos terrícolas, mas os seus organismos possuíam diferenças. Além dos braços, tinham ao longo das espáduas ligeiras protuberâncias à guisa de asas que lhes prodigalizavam interessantes faculdades volitivas. (M. J. D.)

Seus corpos são de carne similar à vossa, mas de qualidade mais delicada. (Realizam) voos acrobátibos, lentos e extensos, pois as protuberâncias ou pequenas membranas que o marciano possui do ombro ao cotovelo, facultam-lhe pousar no solo como a pétala de uma flor ao vento brando. (Ramatís)

Percebi que a vida da humanidade marciana é mais aérea.(M. J. D.)

Três quartas partes do movimento é feito pelo ar, mediante aeronaves de absoluta segurança (Ramatís).

Poderosas máquinas, muitíssimo curiosas na sua estrutura, cruzavam os ares, em todas as direções. (M. J. D.)

Os veículos são de matéria semelhante ao plástico, porém muitíssimo mais resistente. Suas cores são claras, translúcidas e radioativas à noite. Lembram flocos de luzes policrômicas. Alguns recordam conchas do mar, outros escrínios de joias. Há espécies que imitam a silhueta do cavalo-marinho... tendem a copiar a imagem dos pássaros ou a estrutura delicada de um insento.

Vi oceanos, apesar da água se me afigurar menos densa e esses mares muito pouco profundos. Afirmou-me o protetor que grande parte das águas desse planeta desapa-

receram nas infiltrações do solo. (M. J. D.)
A superfície líquida é muito menor que a sólida, e suas águas se infiltram bastante no solo. Os mares são pouco profundos. (Ramatís)
Há ali um sistema de canalizações, mas não por obras de engenharia dos seus habitantes, e sim por uma determinação natural da topografia, que põem em comunicação contínua todos os mares. (M. J. D.)
Os famosos canais, trata-se de extenso sistema de canais naturais. Ligam os mares mediterrâneos aos polos. Alimentam os canais suplementares, menores, que a engenharia marciana construiu. (Ramatís)
Não vi montanhas, sendo notáveis as planícies imensas, onde os felizes habitantes desse orbe desempenham as suas atividades. (M. J. D.)
Na topografia do orbe predominam as planícies, possibilitando visão ampla. A superfície marciana é quase plana, com raras elevações. (Ramatís)
Afirmou-me o desvelado mentor que a humanidade de Marte evoluiu mais rapidamente que a da Terra e que desde os pródomos da formação dos seus núcleos sociais, nunca precisou destruir para viver, longe das concepções dos homens terrenos cuja vida não prossegue sem a morte e cujos estômagos estão sempre cheios de vísceras de outros seres da Criação. (M. J. D)
São integralmente vegetarianos. Consolidaram sua civilização sempre distantes dos macabros banquetes de carne e vísceras sangrentas que formam a mórbida alimentação terrestre. (Ramatís)
Os anos constam de 668 dias, tornando as estações mais demoradas, sem transformações bruscas climáticas que tanto prejudicam a saúde humana". (M. J. D.)
As estações são mais longas e sem as violentas mutações da atmosfera terrestre. (Ramatís)
Disse-me ainda o mestre desvelado que os marcianos já descobriram grande parte dos segredos das forças ocultas da natureza. Conhecem os profundos enigmas da eletricidade, sabendo utilizá-la com maestria. (M. J. D.)
Os habitantes de Marte dominam quase todas as forças ocultas da natureza e poucos são os problemas de ordem física que não encontram solução. (Ramatís)
Nas questões astronômicas são eminentemente mais adiantados que seus companheiros da Terra, compreendendo todos os fenômenos e a maior parte dos mistérios

da natureza do vosso planeta. (M. J. D.)

Os astrônomos marcianos, através de seus poderosos telescópios magnético-etéricos conseguem apreciar-vos além de cem mil vezes! Contemplam todos os acidentes geográficos, mares, costas, vegetações, desertos, vales, crateras e montanhas. Conhecem inúmeros fenômenos do vosso orbe e fixam, também, a sua aura psíquica, podendo concluir o estado emotivo e psíquico de vossa humanidade. (Ramatís)

Vi lá formidáveis aparelhos fotoelétricos que registram, com precisão matemática, a quase totalidade das expressões fenomênicas dos mundos que estão mais próximos desse orbe maravilhoso. (M. J. D.)

Se os marcianos já não vos conhecessem pela "televisão interplanetária" e pela telefotovisão, também duvidariam de vossas realidades. (Ramatís)

O que mais me admirou não foram as expressões físicas desse planeta, tão adiantado em comparação com o vosso. (M. J. D.)

Pressupomos que os marcianos, em relação a vós, estejam adiantados moralmente um milênio; e mais ou menos cinco séculos no campo científico.

Marte é um grau sideral à vossa vanguarda e é, também, a vossa futura realidade espiritual. (Ramatís)

Nele a sociedade está constituída de tal forma que as guerras ou os flagelos seriam fenômenos jamais previstos ou suspeitados.

A vibração de paz e harmonia que ali se experimenta irradia aos corações felicidades nunca sonhadas na Terra.

A mais profunda espiritualidade caracteriza essa humanidade, rica de amor fraterno e respeito ao Criador. (M. J. D.)

Os marcianos vivem em harmonia constante com os valores estabelecidos pela Inteligência Suprema e não traçam divisões de *momentos religiosos* no interior dos templos e *momentos profanos* na vida exterior.

Os preceitos evangélicos, que para o vosso mundo ainda são excepcionais, em Marte são conceitos de vida comum. (Ramatís)

2. O governo marciano

O Conselho

O governo marciano é uma espécie de Conselho Governamental composto de doze ministros, entre homens e mulheres. Não há conflitos, desacertos ou confusões utópicas, pela simples razão de que não existem interesses pessoais em jogo e há uma profunda consciência espiritual do mando.

Há um coordenador que não depende de eleições especiais nem de escolha periódica; cada um dos conselheiros governamentais assume a direção durante um período, atendendo apenas aos imperativos da ordem e disciplina dos trabalhos.

Todos os esforços são conjugados em favor da coletividade; qualquer ato que visasse um bem pessoal seria considerado doloroso acontecimento entre essa corte de espíritos sábios, criteriosos e apostólicos, que vigiam e atendem permanentemente a qualquer anormalidade e necessidade do organismo coletivo dos marcianos.

Os dirigentes de Marte consideram-se em severa missão perante a Divindade e a segurança do povo reside nesse compromisso consciente assumido para com o Alto.

O verdadeiro critério

É um conselho eleito entre os mais credenciados em Marte, independente da contagem das urnas; é mais a consequência de um amadurecimento biológico. Esses condutores marcianos são almas de maturidade espiritual, reconhecidos como sendo os mais capacitados, dignos e certos; impõem-se como o leão no deserto: pela sua lealdade e significativa resistência. São eleitos devido à sua magnífica contextura espiritual, discernimento psíquico e experiência milenária.

Escolhem-nos pela capacidade realizadora, não pelo advento político, pela simpatia popular ou interesses partidaristas.

Eles abdicam dos seus bens comuns, em favor exclusivo da missão coletiva; todos os seus esforços, abnegação e afirmações convergem para o povo. Tornam-se cérebros da vida coletiva, mas atendendo, antes, aos ditames da justiça divina do que à legalidade humana.

O Estado marciano está muito acima das concepções agressivas de fronteiras, porque se constitui de comarcas que formam apenas departamentos de trabalho. Há, pois, perfeita unidade de trabalho e relação social, através de um entendimento crístico absoluto, que é a segurança do bem comum. O governo é mais um guia espiritual do povo.

Absoluta integridade do governo

Para que os governantes marcianos se deixassem vencer pelo personalismo do domínio, teriam de mudar a sua estrutura psicológica atual.

Conhecendo a vida verdadeira do espírito e sabendo quais os valores provisórios de um mundo material, para desejarem o domínio num mundo efêmero teriam de "regredir" em consciência.

Essa característica do homem terreno, que ainda sacrifica situações, prazeres, amigos e mesmo o caráter para usufruir a volúpia efêmera de um cargo ou gloríola humana, vem de sua incerteza pela vida espiritual. Desconhecendo a realidade de bens superiores e definitivos, que estão à mercê da alma evoluída, procura "gozar" com urgência os prazeres mais a mão. Após a convicção indestrutível de que a vida material é singelo banco escolar na escadaria do Infinito, o cidadão de Marte não vai à estultice de repelir o verdadeiro pelo falso!

O povo tem o governo que merece

O povo marciano é profundamente avesso ao que é falso, inútil, incoerente, exótico ou improdutivo. Não visa a interesses pessoais nem exalta caprichos ou anseia por glórias estatutárias. O senso de confraternização é inato; o bem coletivo é sempre preferido pelo indivíduo. Repugna-lhes qualquer afeição falsa, a promessa não cumprida; consideram desprezível mistificação obter favores alheios e depois traí-los; sentir-se-iam execrados ante a sua própria consciência se porventura desmentissem praticamente aquilo que sugerem, insinuam ou doutrinam. Não adaptam às conveniências pessoais os fatores alheios.

Espantar-se-iam das vossas coações políticas, da falsidade dos vossos projetos para o bem público, da ardilosa concepção jurídica que fazeis das leis comuns, quando desejais subvertê-las para o êxito pessoal. Não mercadejam, não exploram nem dificultam a vida do próximo; a sua moralidade representa-os diretamente quando assim se faz preciso, porque o acordo verbal é atitude definitiva.

O senso absoluto de serem espíritos reencarnados no orbe físico e a certeza de devolverem ao túmulo os bens mais preciosos evita-lhes se exaurirem, como fazeis, para obter a segurança econômica. Não concebem a estultice do terrícola que amontoa fortunas para viver mil anos, quando mal consegue alcançar a meta dos oitenta.

A renúncia em favor alheio é comum porque os valores materiais significam-lhes breve instrumentação de aprendizado, podendo ser emprestada, sem preocupações, ao que mais a necessita.

Decorre, pois, dessa atitude coletiva, a harmonia do conjunto entre o povo e o governo.

3. A sociedade marciana

A plenitude da solidariedade e dos direitos humanos

O funcionamento da sociedade marciana e de seu nível evolutivo se deixa entrever bem na forma pela qual funciona uma instituição basilar do planeta, que é o "direito de berço", e suas implicações.

Que nos sirvam de modelo e ideal, a nós, terrícolas marcados pelo toma-lá-dá-cá como filosofia quotidiana.

O "direito de berço": uma espécie de bolsa-cidadão

O Estado é absolutamente responsável pela manutenção e educação de todos; a criança, ao nascer, é inscrita para efeito de assistência completa nos planos de alimentação, vestuário, educação, arte e trabalho. Os fornecimentos de "primeira necessidade", portanto, são efetuados mediante simples inscrição nos departamentos locais das regiões ou comarcas principais.

A obrigação estatal para com o cidadão é comumente definida como o "direito de berço".

O marciano poderá transitar por toda a existência física absolutamente ocioso, sem assumir qualquer responsabilidade, e o Estado, quando às necessidades fundamentais ou imprescindíveis à vida, não deixará de ampará-lo nas mesmas condições e direitos dispensados aos mais laboriosos.

Não existe dinheiro! Como se mantém o Estado

O Estado é compensado com o serviço coletivo de todos os

habitantes. Essa obrigação recíproca, que se refere ao essencial preciso a uma existência confortável, tranquila e estética, dispensa moeda-padrão.

Não há comércio à base de lucros individuais ou de firmas particulares, porquanto todas as atividades relacionadas com o povo, nesse gênero, pertencem exclusivamente ao estado. Trata-se de departamentos oficiais com tarefas definidas na entrega periódica das necessidades da população.

Ninguém fiscaliza e tudo funciona

É necessário compreenderdes que tudo é feito sob a mais afetuosa espontaneidade, não existindo, em Marte, nenhuma instituição corretiva, fiscalizadora, no sentido de ajuste laboral ou exigente de obrigações compulsórias.

É mister que compreendais, bem claro, que à medida que o espírito ascende para estados mais elevados aumenta sempre a sua capacidade de amor e de renúncia. Só no vosso mundo, onde existe a ideia egocêntrica de que "dar traz pobreza", é que se faz exigências absolutas e se cria obrigações compulsórias. A humanidade marciana, mais próxima da realidade espiritual, é também mais pródiga no "servir e amar", instituindo deveres na comunidade, mas deixando a decisão espontânea de os cumprirem. Há, pois, o "direito de berço", como incondicional obrigação do Estado para prover aquele que nasce em seu orbe do alimento, do vestuário, do lar e de todas as necessidades comuns aos demais. Embora todo o "direito de berço" institua, também, a "obrigação de berço", ou seja, o compromisso tácito de contribuir com um número de "horas-serviço" para a comunidade, tal obrigação fica adstrita à vontade do cidadão.

Há exceções?

Às vezes, em casos excepcionais e que provêm mais de almas imigradas de outros mundos, onde a função de trabalho é considerada algo desairosa, alguns resolvem libertar-se dos encargos exigíveis pela comunidade, preferindo a vida nômade e aproveitando todos os recursos do "direito de berço". No entanto, geralmente, tempos depois, vem o reajuste, a reflexão, por tratar-se de almas honestas, e então, tais ociosos resolvem compensar a coletividade entregando-se afanosamente a tarefas de sacrifício a fim de reparar e cobrir o tempo perdido.

O espírito integralmente marciano, produto de reencarnações do mesmo orbe, não mais vacila na sua postura moral e consciente de dar-se em benefício do próximo.

Para isso...

Os marcianos, em relação a vós, estão adiantados moralmente um milênio, e mais ou menos cinco séculos no campo científico. Marte é um grau sideral à vossa vanguarda e é, também, a vossa futura realidade espiritual.

O direito de berço no planeta Terra: estamos caminhando para lá

E como a corroborar a direção de nossa marcha – ainda que de longe e vagarosa – no rumo das conquistas da sociedade marciana, "nossa futura realidade", já começou há anos a desenvolver-se no planeta a ideia da "renda mínima" (*basic income*) ou "renda básica da cidadania" (no Brasil) e "rendimento de cidadania" (Portugal), que é uma quantia paga em dinheiro incondicionalmente a cada cidadão pertencente a determinada região. O valor é distribuído pelo poder público de forma igualitária, não importando o nível social ou disposição para o trabalho de quem recebe. A retribuição garante o direito inalienável de todos usufruírem de uma parte das riquezas produzidas na região.

BIEN – Basic Income Earth Network

O BIEN é uma organização que desde 1986, após um primeiro encontro em torno da ideia, na Bélgica, reúne aderentes do mundo inteiro à ideia da renda minima, e já realizou 15 congressos internacionais. Em 2010 realizou-se um no Brasil, em São Paulo. O próximo, o 16º, será em Seoul, Coréia do Sul, em 2016. Há uma quantidade de publicações, pesquisadores e entusiastas da ideia em todo o mundo.

Inícios

No Alasca, desde 1982 está implantado o *basic income* para todos os cidadãos.

Hoje, discute-se cada vez mais a proposta, em países como

os EUA, Holanda, África do Sul, Canadá, Portugal, Alemanha, Reino Unido, Argentina, Chile e Iraque.

Quatro cidades da Holanda estão prestes a apresentar um projeto comum a fim de implantar o sistema: Utrech, Tilburg, Groningen e Wageningen. A Finlândia já determinou a criação de um grupo de trabalho para apresentar um plano piloto de implantação da medida.

No Brasil, a lei nº 10.835/2004, de autoria do Senador Eduardo Suplicy, que institui a Renda Básica de Cidadania, foi aprovada por unanimidade no senado e sancionada pelo então Presidente da República em 8 de janeiro de 2004. De acordo com a lei, a aplicação deve ser feita de forma gradual começando pelos mais necessitados, com a evolução de programas de transferência de renda como o Bolsa Família. Até hoje, entretanto, não foi possível ampliar a aplicação. Contudo, ela aí está, como um embrião de sistema futuro.

Em novembro de 2009, Santo Antônio do Pinhal – São Paulo é o primeiro município brasileiro a aprovar uma lei que institui a Renda Básica de Cidadania.

Eis o embrião do "direito de berço" no planeta Terra.

Capítulo 4

A Vida Além da Sepultura

1. Embarcando para o Além

Atanagildo, discípulo de Ramatís, ao início de *A Vida além da Sepultura*, descreve com minúcias o processo de seu desencarne e todas as sensações que se seguiram ao momento de "ser dado por morto", não escondendo todos os sentimentos, receios e emoções que experimentou, embora sendo espírito emancipado da ilusão da matéria, estudioso e praticante dos ensinamentos espirituais do Oriente e do Ocidente.

A certa altura das diversas fases interiores da desencarnação, relata a famosa recordação total da vida – momento em que ela se registra no "átomo permanente" que mantém a memória imortal do espírito.

Salvando o arquivo da encarnação

Em seguida, nova e estranha impressão principiou a se apossar de minha alma. Se não exagero, tinha a impressão de estar sendo virado pelo avesso, pois a memória recuava paulatinamente através de minha última existência, e os acontecimentos se desenrolavam na tela mental à semelhança de vivíssima projeção cinematográfica. Eu decrescia em idade; remoçava, e os meus sonhos fluíam para trás.

Naquele ondular de quadros contínuos, gozava de euforia espiritual quando entrevia atitudes e fatos dignos. Só então pude avaliar a grandeza do bem; espantava-me de que um simples sorriso de agradecimento, ou a minúscula dádiva feita em fraternal descuido, pudesse despertar em meu espírito alegrias tão infantis. Esquecera-me da situação funesta em que me encontrava para acompanhar os pequeninos sucessos projetados em meu cérebro etérico; identificava a moeda doada com ternura, a palavra dita com amor, a preocupação sincera para resolver o problema do próximo, ou o esforço para suavizar a maledicência para com o irmão desajustado.

Se naquele instante me fosse dado retomar o corpo físico, aqueles estímulos teriam exercido tal influência em minha alma, que os meus atos futuros justificariam a minha canonização depois da morte física... Mas em contraposição não faltaram também os atos indelicados e as estultices de moço, as atitudes egocêntricas da juventude avara de seus bens materiais, na volúpia de possuir o "melhor" e superar o ambiente pela ridícula superioridade da figura humana.

Reconheci a fase do aprendizado escolar, os folguedos da infância... Espantadíssimo, creio que por causa da disciplina e dos êxitos dos meus estudos esotéricos, pude identificar um berço guarnecido de rendas, reconhecendo-me na figura de um rosado bebê. Mas, no seio dessa figura de recém-nascido, sentia-me com a consciência algo desperta e dona de impressões vividas num passado remoto. Parecia-me envidar tremendos esforços para vencer aquele corpinho delicado e romper as algemas da carne. "Algo" em mim teimava em dizer que eu me prolongava além, muito além daquela forma infantil.

Regressão voluntária de memória

Confiante nas minhas próprias energias mentais, desejei ir mais além e transpor aquele berço enfeitado de rendas.

Sob poderosa concentração da vontade, coordenei todas as minhas forças mentais num feixe altamente energético e, decididamente, como se movesse vigoro aríete, arremeti para além do misterioso véu. Então consegui comprovar o maravilhoso poder da vontade a serviço da alma resoluta; sob esse esforço tenaz, rompeu-se a cortina que me separava do passado. Surpreso e confuso, senti-me envolvido por festivo badalar de sinos possantes e ouvia o rumor de grande algazarra a distância de onde devia me encontrar.

Senti-me envolvido pela brisa agreste, impregnada de perfume do lírio ou flores das margens dos lagos ou rios, e uma nesga de um céu azul-esbranquiçado comum aos dias hibernais volteou sobre mim. Pude compreender que me encontrava suspenso no ar, agitado por vigoroso balanço, enquanto forcejava para romper as cordas que me imobilizavam. Sob a pressão de calejada mão suarenta que me comprimia os lábios, estava impedido de gritar, enquanto violenta dor fazia-me arder o peito e a garganta. Pairei um pouco acima do solo e, subitamente, fui atirado ao seio de água pantanosa, onde o perfume dos lírios se confundia com o da lama do rio. Mergulhei, ouvindo ainda o bimbalhar dos sinos e as vozes humanas num tom festivo; pouco a pouco, tudo se foi perdendo num eco longínquo, enquanto os meus pulmões sufocavam com a água suja e frígida.

Mais tarde, quando já de posse da memória de minha última existência, pude identificar aquela cena, ocorrida na França em meados do século XVIII, quando eu fora surpreendido, de tocaia, por meus rivais enciumados da minha afeição por determinada jovem, os quais, depois de me ferirem na garganta e no peito, lançaram-me no rio Sena, atrás da igreja de Notre Dame, na manhã de importantes comemorações religiosas.

O tempo interior é diferente

Após aquela reprodução da queda no rio Sena, a imagem do passado esfumou-se e reconheci-me ligado de novo ao corpo hirto. Cidália, minha noiva, havia chegado à minha casa e se debruçava desesperadamente sobre o meu cadáver na dor pungente da separação.

Imensamente surpreso, pude notar que as minhas reminiscências de toda a existência desde o berço e além disso a cena ocorrida na França, não haviam durado mais do que um ou dois minutos. Era o tempo exato que Cidália deveria ter gasto para vir de sua casa até o meu lar, pois residia a uma quadra de distância.

Após o desligamento do cordão prateado e verdadeiro desencarne, Atanagildo desperta no mundo astral, num ambiente agradável e sedativo, sentindo profundo bem-estar. Uma senhora idosa, sorridente e afável, o chama pelo nome, ao que ele consegue responder. Ela sorriu e chamou outra pessoa, vestida de branco imaculado, "evocando um daqueles clássicos magos do Oriente, cuja fisionomia é serena, mas enérgica. Atanagildo recorda:

Eu era um morto mesmo

Ele fitou-me com tal firmeza, que um fluxo de energia estranha e de suave calor amorteceu-me pouco a pouco o sistema nervoso, como se poderosa substância hipnótica se derramasse pelos meus plexos nervosos e provocasse incontrolável relaxamento.

Lutei – esperneei, por assim dizer – tentando contrariar aquela vontade poderosa, mas uma ordem incisiva fixou-se-me no cérebro: – Durma!; então fui quedando-me num doce e misterioso bem-estar, gradativa inconsciência e repouso compensador. Numa réstia de consciência final, pude ouvir a voz daquela senhora afável:

– Não lhe havia dito, irmão Crisóstomo, que só o irmão Navarana poderia provocar o repouso ao seu neto? Convenhamos que o seu neto Atanagildo é portador de uma mente muito vigorosa.

Já no bruxuleio final da consciência, eu compreendi tudo: Crisóstomo era o meu avô materno, a quem só conhecera na infância. Realmente, não havia mais motivos para lutar ou temer: eu era um "morto", na acepção da palavra, ou mais propriamente, um desencarnado!

A descrição completa de todas as fases do desencarne de Atanagildo, de sua vida e primeiras impressões no Além, encontram-se nos capítulos iniciais de "A Vida além da Sepultura". Todas as descrições do plano astral, na obra, são de sua autoria, sob a supervisão de Ramatís, que assina diretamente os capítulos finais.

2. Rindo no Além

De acordo com as minhas observações[1] e baseando-me na minha própria desencarnação, creio que é muito mais fácil "falecer" do que "nascer" na carne.

Nascer significa exaustivo labor para reduzir e aprisionar o perispírito na matriz da carne; morrer significa que a alma se liberta da complexidade da matéria e retorna ao seu plano familiar.

Os espíritos técnicos em desencarnação

A complexidade e delicadeza das operações que se proces-

1 Fala de Atanagildo.

sam no Mundo Astral para o desencarne, pelas organizações do Bem, exigem mais conhecimento e cuidado que na Terra. Daí a necessidade de formação e adestramento de equipes de espíritos para atender às desencarnações, sempre que há o merecimento de assistência e proteção na hora do falecimento.

Esses espíritos "técnicos" em desencarnação são responsáveis pela existência da velha lenda em que a morte é representada na figura de uma megera de foice em punho, cuja tarefa tenebrosa é a de cortar o "fio" da vida humana.

Mas nada existe de lúgubre nesse acontecimento tão comum, que é a desencarnação; normalmente, esses espíritos assistentes são de fisionomias afáveis, dotados de boníssimos corações e sadio otimismo, nada justificando o fato de sua existência provocar entre vós tantos arrepios de frio nas epidermes demasiadamente sensíveis.

Aqui como na Grécia

A figura clássica da Morte com a foice, pronta a ceifar a vida dos que devem partir, é bem a herança simbólica de três personagens da mitologia grega, que devem ter sobrevivido no imaginário popular, compactadas "três em uma". Falamos das Três Parcas, irmãs que a lenda grega figurava como as responsáveis por tecer, medir e cortar o fio da vida dos mortais. Deram origem a muitas representações artísticas.

Rindo diante da farsa da morte

Quando logrei despertar no Além, tive a grata surpresa de ser apresentado a dois boníssimos espíritos que, apesar de o tentarem, não logravam reduzir a irradiação de luz azulada que lhes fluía pelo tórax, chegando a formar um suave halo luminoso em torno de suas cabeças jovens. Certo de que se tratava de excelsos enviados da hierarquia superior para salvar a minha alma pecadora, surpreendi-me extraordinariamente com a revelação de que eram os dois espíritos técnicos que me haviam ajudado a desligar-me do corpo físico.

Indubitavelmente, quando tal acontecera, eu me achava diante da lendária "morte", entidade tão temida e que na Terra causa arrepios à mais singela enunciação. No entanto, aqueles dois espíritos, à minha frente, desmentiam claramente a existência tétrica da megera esquelética embuçada na fúnebre mortalha e tendo nas mãos a sinistra foice... Felizmente, eu podia vislumbrar aquelas fisionomias iluminadas, afáveis e sorridentes junto ao meu leito, num formal desmentido à lenda mitológica das "Parcas".

Eles leram, então, o meu pensamento, com certo ar travesso, enquanto meu cérebro se povoava de espanto; depois, fitaram-me com profunda bonomia e interesse e, sem que eu também pudesse me conter, rimos francamente, um riso farto e sonoro, que inundou o ambiente de vibrações alegres e festivas.

Ríamos diante da farsa da "morte" tão lúgubre e aterrorizante para o cidadão terreno, que vive tão agarrado aos seus tesouros efêmeros e paixões avassaladoras.

Justamente por inverter o exato sentido da vida é que o homem terráqueo tanto teme a morte do corpo.

3. As piores situações no Além

Duas situações horrorosas, nos charcos do Mundo Astral, impressionaram-me vigorosamente pelos estigmas que se gravam no perispírito do desencarnado: a do suicida e a da nefanda profissão de "fazedor de anjos", ou seja, a dos abortadores profissionais. São crimes que geram as mais pavorosas situações no Mundo Astral inferior, assim como estigmatizam terrivelmente o perispirito para as encarnações seguintes, pois em ambos os casos se trata de crime contra a vida.

Os maiores inimigos da vida

Os abortadores profissionais são os maiores inimigos da vida e os piores carrascos das almas que se afligem para reencarnar. Passaram pelo mundo físico nas figuras de médicos, enfermeiros, parteiras ou charlatões, a destruir corpos tenros concebidos para a encarnação de almas aflitas do Espaço.

É inimaginável a tortura do ser que perde a bênção de um corpo que lhe destinavam para o seu progresso na matéria e esquecimento do remorso de suas culpas anteriores. Os infelizes "especialistas" do aborto mal sabem que estão depositando sobre os seus ombros um fardo dos mais horripilantes padecimentos, para sentir seu peso depois que a morte os libertar do corpo físico. Separados do corpo carnal que ainda os protegia contra a investida direta de suas vítimas, depois padecerão os mais pavorosos sofrimentos pela turba de almas que foi impedida de renascer, pela prática nefanda do aborto profissional.

Trapos vivos

Não encontro vocábulos para vos descrever o sinistro destino desses desgraçados, no Além, depois da morte do corpo físico. Nenhuma força consegue protegê-los; e os seus algozes, depois de lhes proporcionarem toda sorte de torturas e pavores, os deixam esfrangalhados, como "trapos vivos", na figura de personagens da mais horripilante novela jamais criada pela imaginação enferma de um Poe ou Hoffman.

Não desejo torturar a mente do médium, nem impressionar-vos com outros quadros dantescos que passam a viver no Astral inferior esses trânsfugas da vida espiritual, depois de passarem pela Terra como tenebrosas parcas ignorantes ou diplomadas que, por um mísero punhado de moedas, ceifam a vida na gestação materna.

Nem a luz angélica

A linguagem humana não conseguiria descrever o que realmente sucede a esses espíritos infelizes que, depois de haverem curtido no charco purgatorial o seu psiquismo envenenado pelos crimes da vida carnal, ainda deparam com as medonhas e ameaçadoras catadurás daqueles que lhes vigiam os mínimos atos e espreitam-lhes os mínimos pensamentos; nenhuma réstia de luz os alcança, porque, pela natureza do lodo que se lhes agrega à delicadeza do perispírito, precipitam-se naturalmente em regiões impregnadas do mesmo magnetismo de que são portadores. Mesmo a luz que a vontade angélica lhes projetasse das regiões superiores ser-lhes-ia inócua, em face da substância denegrida que lhes fica aderida ao corpo astral.

A mente tanto aprimora como degrada a forma perispiritual

Eu os tenho visto na mais horripilante situação de miséria e estigma espiritual. Tais espíritos assumem no Astral aspectos deformados, espécie de massas gelatinosas e teratológicas que se arrastam pelo solo, se movendo dificultosamente na forma de larvas humanas. Apenas se lhes percebe, no olhar apagado e nos esforços espasmódicos para se moverem, uma réstia da chama da mesma vida que tanto subestimaram. Exceto a fisionomia torturada, que lhes dá um aspecto bovino e apalermado, o restante dos seus corpos não apresenta forma humana conhecida; lembram mais um verme gigante que se arrasta no solo entre cruciantes esforços. O olhar percuciente de um obstetra terreno verificaria, estarrecido, que essas infelizes criaturas estigmatizadas pelo horroroso ofício de destruir a vida em gestação reproduzem a forma viva e ampliada de gigantesco feto, encimada por uma cabeça humana deformada.

A colheita obrigatória

Quando esses espíritos reencarnarem novamente na Terra, irão reproduzir na matéria algo das deformações neles estereotipadas no Astral pelo poder da mente subvertida e aviltada. Nascerão em corpos constituídos de carnes moles e gelatinosas, como verdadeiros trapos vivos, com sistema nervoso completamente atrofiado pela força negativa da própria mente que tanto combateu a vida. Passarão a vida atirados em cestos, caixotes ou mesmo em berços ricos, com as fisionomias marcadas por um ar débil; mais parecerão retratos inacabados, como se lhes houvesse faltado o último impulso da vida no derradeiro momento de tomarem a forma humana.

Obs.: Entretanto, tais encarnações representam abençoado "pronto-socorro" para esses espíritos, pois além de se libertarem, na carne sofredora, de uma quota das toxinas psíquicas que criaram, também conseguem, ao moldar o novo corpo físico, reestruturar em parte a mente deformada e readquirir a forma humana que tanto haviam desprezado, podendo posteriormente encarar reencarnações menos cruciantes.

4. As surpresas que nos aguardam no Astral

A matéria astral nos obedece

Quando na Terra, guardamos impressão de que a matéria não nos pertence, pois o nosso pensamento encontra sérias dificuldades para atuar com êxito em substância tão "pesada". Entretanto, aqui no Astral, tudo que nos cerca é como um prolongamento vivo e plástico de nós mesmos, que vibra e se sintoniza vigorosamente com a natureza dos nossos pensamentos, influindo extraordinariamente na organização do nosso próprio perispírito.

É evidente que vamos tomando posse gradativamente de tais sequências, mas auxiliados nesse sentido, porque aqui existem departamentos e recursos que nos exercitam para o domínio razoável do meio em que passamos a atuar".

Obs.: Ou seja, tem assistência técnica para os que chegam...

Pensou, mudou

Aqui, o nosso ambiente parece se ofuscar ou se iluminar conforme o estado emotivo do nosso espírito, e este se rejubila com a harmonia vibratória que possa manter habitualmente. O pensamento é assombroso potencial a intervir em todos os nossos mínimos gestos; a sua intervenção no ambiente assemelha-se às lentes dos nossos óculos, que ora se ofuscam com o vapor d'água, ora oferecem visão clara, porque as limpais imediatamente.

Como se dar mal no astral

Certa vez eu palestrava com o irmão Navarana[2] quando, de súbito, certa melancolia me invadiu a alma, apesar de meus esforços para dominá-la. Para mim, todo o ambiente que me rodeava perdeu imediatamente a sua beleza costumeira e se envolveu num manto de tristeza. Imediatamente desapareceram-me o peculiar estado de leveza e a sensação da brisa suave que me dominavam até aquele momento, para sentir-me atingido por um jato de fluidos constrangedores e incômodos, guardando a impressão de que eu havia sido atingido por água gelada e a roupa se tornara colada ao meu corpo.

Logo descobri a causa daquele fato insólito: é que eu havia recordado a figura de Cidália, minha noiva, que ficara na Crosta, entre pesares e soluços, e deixara-me tomar, por isso, de certa tristeza"

Sintonizar a Terra: pode ser um mau programa

Irmão Navarana, captando o meu pensamento aflitivo, advertiu-me a tempo, dizendo-me em tom afetivo: "Atanagildo, evita baixar as tuas vibrações com evocações terrenas de saudosismo indesejável e portador de tristezas que abatem o espírito.´

É razoável que o homem terreno se perturbe emotivamente, porquanto ainda lhe é difícil compreender que todas as criaturas são **emissoras vivas**, que emitem raios conforme a onda espiritual em que se situam por efeito de suas angustias ou de seus sonhos.

Quando nos sintonizamos aos ideais mais altos e criadores,

2 Um mentor oriental da colônia do Grande Coração.

associamos energias que nos fortificam; mas, assim que vacilamos com a evocação triste da Terra, somos torturados pela carga energética de sua baixa vibração.

Em face de já compreenderes que a lei do carma sempre beneficia o futuro, não é razoável que ainda te deixes dominar pelas vibrações das tuas evocações aflitivas."

A surpresa no Além

"À medida que nos encaminhamos para as regiões mais altas e ingressamos num campo de matéria mais sutil – continuou Navarana – percebemos que o nosso espírito também influi com mais vigor no meio e na substância astral que o cerca. As nossas ações também produzem reações mais vivas, porque pensamos, sentimos e modificamos rapidamente o ambiente que nos rodeia.

Depois da desencarnação é que percebemos, bastante surpresos, o maravilhoso mecanismo do espírito, que passa a criar a forma e pode também modificar, pelo pensamento, a própria natureza em que habita!"

Instrumentos vivos

Em face dos argumentos apresentados pelo irmão Navarana, tratei de recompor-me e limpar as lentes dos meus óculos... verificando, com espanto, que o ambiente, para mim, retornara à sua primitiva expressão encantadora e o meu perispírito novamente vibrava num enlevo de magnetismo sedativo.

Creio que assim podereis avaliar a importância dos nossos pensamentos, em relação ao meio astral em que vivemos, porque somos a própria instrumentação viva a produzir as modificações que nos inebriam ou nos abatem.

5. O carma cósmico: o único fatalismo absoluto

Pergunta: – Sempre pensamos que o carma é um determinismo absoluto, sem qualquer possibilidade de modificação em seus efeitos, depois de praticada uma ação má. Não é assim?

ATANAGILDO – Há um só determinismo absoluto, criado por Deus: é o fatalismo de o animal humano se transformar em anjo.

Com a lei do carma, que é a própria lei do progresso espiritual, podem se ajustar e conciliar as deliberações boas dos próprios espíritos, os quais têm o direito de compor agradáveis destinos na sua vida terrena, porquanto o Pai é magnânimo e concede alguns bens antecipados aos seus filhos, desde que haja fidelidade em seus deveres espirituais.

A vontade de Deus não se compara a um mecanismo inquisidor de retificação espiritual; essa retificação ocorre porque os seus próprios filhos titubeiam na caminhada e, por isso, precisam retornar obrigatoriamente ao ponto de partida da ascensão espiritual. Se a humanidade que se agita na superfície de todos os orbes suspensos no Cosmo realizasse movimentos absolutamente harmoniosos e vivesse o mais elevado padrão de amor e sabedoria, sem dúvida o carma ou a lei de causa e efeito também seria um determinismo eternamente venturoso. Entretanto, não se justifica a excessiva dramaticidade com que encarais o carma, pois não passa de um processo normal e ininterrupto, que conduz a centelha espiritual a desenvolver a consciência de si mesma.

Através das peripécias dolorosas, exílios planetários e retornos felizes, os espíritos terminam se enquadrando dentro desse determinismo venturoso, porque, em verdade, é o mecanismo que nos desperta para a felicidade eterna. Qual é a natureza essencial do carma, esse determinismo absoluto criado por Deus, senão um meio de proporcionar a ventura eterna aos homens?

Quanto vossas ações começam a gerar discórdias e a dificultar o "determinismo feliz" que é o nosso Carma Cósmico, surgem as reações retificadoras, a fim de que a engrenagem sideral prossiga na sua pulsação rítmica de harmonia e felicidade angélica.

Então o mal fica sendo compreendido pela alma como sendo estado de resistência espiritual à sua própria ascensão, e ela não mais o considera como castigos consequentes de pecados contra a moral divina.

6. Aves e animais do astral inferior

Aves assustadoras

Um dos tipos de aves que muito me impressionou no Astral inóspito é bem semelhante ao corvo europeu, com a plumagem parecida à terra preta umedecida; emite gritos de tal estridência que fazem pensar num malho de ferro a bater em trilhos de aço. São gritos selvagens e penetrantes, como centuplicando o grito da araponga, ou o pio da gralha elevado a altíssimo potencial agudo.

Além dessa ave de aspecto tenebroso, que lobriguei em grandes bandos no Astral inferior adjacente ao Brasil, também tenho observado, embora raramente, um outro tipo de ave de pernas longas, tipo de cegonha, de longo bico recurvado e classificado nos compêndios terrestres como "íbis". A diferença principal entre a íbis sagrada dos egípcios e esse tipo do Astral está em que a ave das margens do Nilo, que conheci, era branquíssima de plumagem, enquanto a espécie astralina é de configuração gigantesca, brutal e completamente negra, com o bico de um pardo brilhante, e seu planar lembra claramente o vampiro das lendas. Quando essa ave fende o ar, há um murmúrio tétrico nos galhos das árvores e os insetos e animais pequeninos se movem apressados para se ocultar nas furnas e grotões.

Estudos da fauna astral e sondas de filmagem

Segundo tenho verificado nas instituições de nossa metrópole (do Grande Coração) onde se estuda a fauna e a flora do Astral, existem outros inumeráveis tipos de aves que estão sendo classificados pelos estudiosos e que melhor são apreciados por meio de um televisor de panoramas remotos, isto é, um aparelho eletromagnético dotado de esferas de duas a três polegadas de diâmetro, controladas a distância, e que se movem pelos reinos inferiores, transmitindo os mais íntimos detalhes da paisagem entrevista.[3]

Animais

Nas regiões subcrostais, o tipo de animal que mais me chamou a atenção foi uma espécie de caprino gigantesco – tipo de cabra montesa – cujas pernas dianteiras são mais curtas que as traseiras, e possui cornos longos, muito fortes e curvados para trás.

Vi esses animais em pequenos grupos, com um aspecto terrivelmente ameaçador, e havia até fulgores diabólicos e sinistros nos seus olhos escuríssimos. Eram monstruosos, peludos, de cor sépia, e possuíam compridas barbas que lhes caíam queixo abaixo. Exalam um odor sufocante, que repugna e enjoa, e uma aura repulsiva. Diante desses caprinos horríveis, senti no organismo a impressão de brutal cinismo e deboche. Informaram-nos os mentores da nossa metrópole que a degradação máximo do sexo sempre favorece a estereotipação, nas criaturas, de estigmas muito semelhantes aos daqueles caprinos.

Certa vez foi-me dado encontrar esses repelentes caprinos

3 Conclui-se que são do tipo das pequenas "sondas" esféricas que na literatura ufológica têm sido relatadas explorando – e transmitindo imagens, é certo – de ambientes terrícolas, a serviço de naves extraterrestres.

aglomerados exatamente nos lugares e zonas astrais do vosso país onde mais praticam as orgias lúbricas, as festividades licenciosas e se alimentam os vícios que mais deprimem a conduta sexual, pois sua alimentação preferida é baseada nas emanações psíquicas da luxúria e da perversão das funções criadoras.

As espécies da fauna do Astral inferior sempre se conservam nas regiões ou zonas em que se depositam as substâncias mentais perniciosas de sua preferência nutritiva.

A função dessa fauna astralina

O Astral inferior é um mundo selvático e prenhe de forças, que drena e purifica os tóxicos mentais e psíquicos dos desencarnados.

Essas espécies gigantescas, que voejam sinistramente entre a vegetação do Astral inferior, cumprem a tétrica tarefa de "transformadores vivos" de energias deletérias do meio tão nocivo.

Aquilo que os espíritos do Senhor teriam que executar sob o mais lúgubre e heroico sacrifício, essas monstruosas aves e outros tipos de animais extravagantes executam a contento, deglutindo todas as formas de elementos perigosos e daninhos que se produzem nas mentes enfermas e diabólicas.

No mundo físico, a minhoca o sapo, e principalmente o urubu são valiosos cooperadores da lavoura; destroem as substâncias corrompidas, saneando o ambiente da vida humana.

O Astral inferior é um vasto reservatório de detritos mentais criados pela invigilância da humanidade encarnada, em perigosa simbiose com os gênios das trevas. Graças às aves e aos monstros que vivem nessa tormentosa moradia, essas criações mentais nocivas são incessantemente devoradas, tornando-se possível, então, manter o equilíbrio da vida astralina e física.

As aparências enganam

De princípio, estremeci, surpreso, diante desses monstros, cujo voo vampiresco aterraria o homem mais corajoso. Indaguei de mim mesmo o motivo da existência dessas aves, e a razão de suas horríveis formas. Não tinha dúvida de que se tratava de aves destinadas a um cenário infernal, cuja espantosa voracidade fazia desparecer instantaneamente tudo que lhes caía à frente.

Ainda ignorava sua benéfica função de gigantescos transformadores da vida nociva inferior quando dão sumiço ao lixo e às criações delituosas que provêm do caos das paixões desenfreadas da maior parte da humanidade.

Essas aves devoram e transformam, nos fornos crematórios de seus avultados estômagos, as larvas, os elementais, rebotalhos e combustíveis repelentes que se produzem por efeito da projeção desregrada da mente humana, na substância astral.

"Alimento" específico

O espírito observador identifica a sabedoria do Criador que mantém o equilíbrio da vida por meios das próprias formas. Enquanto o beija-flor suga o néctar das flores o urubu faminto se serve da carniça e se torna o sanitarista do ambiente. Os seres dantescos do Astral também variam em suas preferência nutritiva pelas formas deletérias que se produzem pelo pensamento e paixões desregrados dos homens.

Enquanto o apetite de certas aves do Astral se satisfaz com substâncias de um tom pardo, terroso e com viscos arroxeados produzidas pela cobiça, ciúme ou cupidez, outras preferem alimentar-se com rebotalhos repugnantes de formas negras interceptadas de fulgores chispantes, que se criam pelas expressões do ódio, da cólera e da irascibilidade dos encarnados.[4]

Mais tarde também notei um tipo alado, muito parecido ao urubu-rei terrestre, de cabeça calva e aspecto chocante e que, depois de sua mórbida refeição, se entregava a um mover febril das asas, quedando-se depois na atitude de ave enferma. Quando posteriormente estudava as aves do Astral inferior, me informaram que aquele tipo de ave lerda, de olhar fixo e enfermo, só devora as formas mentais produzidas pelas almas encarnadas ou desencarnadas que também são enfermas, melancólicas e desesperançadas, principalmente as que nutrem ideias de suicídio.

Tudo se transforma para o bem

Naquelas furnas e grotões do Astral inferior, diante das expressões mais horripilantes, a mãe Terra age em favor da mais breve angelitude de seus próprios filhos. Servindo-se daqueles repulsivos "transformadores vivos", os faz operarem sob o controle da lei benfeitora, para higienizar o meio e impedir o desenvolvimento das formas perniciosas e ofensivas aos seus próprios criadores humanos.

4 Vide a obra F*ormas de Pensamento*, de C.Leadbeater, Ed. do Conhecimento, que detalha a formação e os tipos de formas astromentais produzidas pelas variadas emoções e sentimentos humanos.

Capítulo 5

A Sobrevivência do Espírito

I. Os órgãos do corpo astral

Este corpo que denominais de "perispírito" (corpo astral) é muito mais complexo que o organismo físico, pois o corpo de carne é feito para o homem viver na Terra a média de 60 ou 80 anos; o perispírito, no entanto, é organização definitiva; a sua constituição teve início há alguns milhões de anos terrenos, durante os quais ele veio se plasmando através de todos os reinos da natureza e no seio de **todas as espécies inferiores**. Durante esse desenvolvimento plasmaram-se nele os órgãos e sistemas etereoastrais.

Ainda são raras as criaturas que se apercebem da complexidade de todos os órgãos e atividades do perispírito.

Órgãos permanentes

Muitos espiritualistas ainda se escandalizam com essa ideia, que lhes parece absurda, de os espíritos desencarnados possuírem ainda órgãos semelhantes e bem mais complexos do que os existentes no corpo de carne.

É mister compreenderdes que os órgãos do corpo físico são apenas cópias resumidas dos modelos ou das matrizes orgânicas esculpidas na substância etereoastral do perispírito e que há muitos milênios constituem a sua fisiologia.

O perispírito é a matriz da organização de carne e o "detonador" de todos os fenômenos corporais projetados pela mente. Eis porque, em suas funções etereoastrais, ele possui coração, fígado, baço, rins, pâncreas, estômago e intestinos, de substância idêntica à do meio astral.

Lesões no perispírito a partir do corpo físico

Se credes, realmente, que todos os órgãos do corpo físico são duplicatas exatas dos originais do perispírito, haveis de compreender que tanto o zelo como o descaso humanos produzem efeitos duradouros nesses órgãos tão delicados. No caso do cigarro, por exemplo, quando o fumo se carboniza, desprende substâncias etereoastrais que agridem os pulmões delicadíssimos e causam dificuldades ao espírito após a desencarnação.

Fisiologia do corpo astral

O fato de eu dizer que possuo órgãos semelhantes aos do corpo físico não implica em que o metabolismo do perispírito é perfeitamente idêntico ao do corpo carnal. Esses órgãos continuam a servir-me, mas em funções algo semelhantes às dos órgãos da matéria, e não iguais, pois a nutrição do perispírito é outra, e bem diferente, de acordo com o mundo astral que passa a habitar. Seria inconcebível que, de posse de um corpo fluídico, eu continuasse a ingerir substâncias idênticas às que fornecem as mercearias e padarias da Terra.

Durante a absorção prânica, ou seja, de energia magnética do astral, processam-se no metabolismo do perispírito transformações químicas muito mais acentuadas (e de natureza transcendental) do que as que se registram para alimentação e sustento do corpo de carne. Os resíduos das substâncias astrais consumidas pelo perispírito também precisam ser expelidos para o exterior, dissolvendo-se no meio ambiente através de um processo que denominamos de "emanações residuais".

Há muito tempo já me ajustei a essa alimentação magnética, e só quando desço para as regiões do astral inferior é que me sirvo de sucos etéricos de frutas, ou mesmo de caldo de essências reconfortantes.

A função faz o órgão

À medida que o espírito vai ascendendo para esferas mais distanciadas da matéria, os órgãos do perispírito vão se atrofiando pelo desuso; mas enquanto ele ainda necessita de encarnações nos mundos físicos, é óbvio que precisa manter em atividade os órgãos do seu perispírito, que são as contrapartes exatas dos mesmos órgãos físicos. Quando se trata de espíritos de certa elevação, que já se habituaram com a nutrição astral e entrosados na vida sutilíssima do plano mental, o perispírito vai se tornando obsoleto, e então se encaminha para o fenômeno da "segunda morte",[1] no mundo astral, porque tais espíritos não só já se imunizaram contra as emoções humanas alimentadas pelos fluidos astrais do "mundo dos desejos", como também estão dispensados em definitivo dos renascimentos na carne. Então, passam para o plano mental concreto, que lhes é imediato.

Isso prova a justeza da lei de que "a função faz o órgão", pois as matrizes originais do perispírito modelam os órgãos do corpo físico em cada nova encarnação, mas futuramente eles se atrofiam pelo desuso no ambiente astralino. Só então a alimentação do espírito será exclusivamente mental e ele poderá dispensar o perispírito (corpo astral).

2. Como se enxerga no além

Enquanto a visão humana é restrita exclusivamente aos contornos das formas físicas e somente realizável sob a luz solar ou artificial, no mundo astral nós podemos ver as coisas independentemente de luz, tanto no seu exterior como no interior, tendo a impressão de que as viramos pelo avesso.

E o mais importante é que podemos projetar a vista em todos os sentidos, tomar conhecimento de todo e qualquer detalhe, submetendo tudo a um exame que bem poderíamos designar de "visão de profundidade".

Acresce que, enquanto os olhos da carne exigem uma direção, dada pelos nervos oculares, para que se tenha conhecimento daquilo que eles podem ver, transmitindo ao cérebro imagens focalizadas diretamente, a nossa vontade no astral age de tal modo, no ambiente, que melhor "sentimos" do que "vemos."

Visão em todas as direções

Em certas ocasiões de hipersensibilidade, tenho observado que toda a organização do meu perispírito se transforma num maravilhoso campo visual, em que sinto as coisas provindas de todas as direções. Torno-me, assim, um centro de visão em sentido esférico, e capto todos os fenômenos situados ao meu redor, sob a

1 A "segunda morte" consiste no abandono definitivo do corpo astral (perispírito), quando o espírito então passa a habitar o plano mental concreto, usando o seu corpo mental concreto. Só descerá aos planos astral e físico voluntariamente, em missão de auxílio.

estranha impressão de que vejo tudo com o poder de mil olhos.

O nosso poder visual está à superfície de todo o perispírito e, assim, torna-se um captador de imagens em todas as direções. Em lugar de precisarmos de um par de olhos para captarem as imagens e as transmitirem numa frequência vibratória acessível ao nosso espírito, nós, no Astral, as captamos diretamente em sua fonte natural vibratória, levando-as para a contextura do nosso perispírito e dispensando as funções complicadas da visão física.

Sentidos físicos: "janelas" limitadas para a percepção global do espírito

Suponde que vos encontrais observando um vaso contendo água doce, quente, perfumada, e ainda eletromagnetizada. Que vedes nesse caso, com os vossos olhos físicos? Sem dúvida, só vedes a água e apenas notais a sua forma incolor, pois se quiserdes sentir-lhe a temperatura, o perfume ou o magnetismo, ou mesmo o sabor, tereis que vos valer do tato, do olfato e do paladar.

No entanto, se o meu espírito desencarnado estivesse presente no local, faria uso da faculdade que vos descrevi e poderia captar por todo o seu perispírito, , todas as diversas sensações contidas no vaso d'água, apenas usando a sua vontade.

Há essa diferença porque os cinco sentidos do homem não passam de janelas vivas que devem transformar os diferentes fenômenos do mundo exterior numa vibração que o espírito desencarnado pode recepcionar diretamente, ao passo que ele não o pode fazer.

É evidente, pois, que na posse do corpo físico ou liberto dele, o verdadeiro receptor de todas as sensações do mundo físico ou astral ainda é o perispírito.

Aquilo que percebemos dificultosamente quando no corpo carnal podemos captar diretamente, e sem os sentidos físicos intermediários, quando desencarnados.

Atanagildo e Ramatís

3. Almas através dos séculos

Reencarnações de figuras históricas conservam sua marca pessoal.

Na longa espiral do tempo, enquanto nossas almas vão se forjando na oficina da reencarnação, conservamos longamente a nota tônica que é nossa marca registrada pessoal.

Ramatís explica que o "cunho permanente" ou "caráter fundamental" de cada alma se manifesta em muitas encarnações sem grandes alterações, pois o progresso é lento... Diz ele que não se pode avaliar o desenvolvimento do espírito imortal "sob a marcação prosaica do calendário humano". E acrescenta:

Embora, para o entendimento humano, os milênios pareçam algo impressionantes, eles ainda pesam muito pouco no desenvolvimento formativo das consciências individuais.

O caráter fundamental

Esse *caráter fundamental*, que é a própria marca psíquica da alma, pode conservar-se por muito tempo sem sofrer mudanças radicais. Daí o motivo por que muitos espíritos, em sucessivas encarnações, ainda revivem fortemente a característica fundamental, virtuosa ou aviltante, que os dominou na existência anterior.

Quando puderdes examinar a história da Terra sob a visão espiritual desencarnada, podereis comprovar que, pela ação desse "cunho permanente" em alguns espíritos, eles deixaram na Terra rastros luminosos ou sombras, como cópias-carbono de sua maior virtude ou de seu maior pecado de vidas anteriores.

Exemplos da história

Alexandre Magno, por exemplo, cuja índole psíquica era a belicosidade, os sonhos de conquistas, ao reencarnar no vosso orbe viveu novamente nas figuras invasoras de César e Napoleão.

Samuel, o profeta puro, voltou como João Evangelista, o discípulo amado de Jesus, e depois ainda mais uma vez como Francisco de Assis.

Elias, o puritano e genioso profeta que exterminou os sacerdotes de Baal (os quais mandou degolar), reviveu na irascibilidade de João Batista, degolado a pedido de Salomé.

Isaías, o consagrado profeta de ampla visão bíblica, encarnou-se na França como Nostradamus, cujas profecias muito se assemelham às daquele.

Einstein, dando o roteiro da bomba atômica, revela a sua anterior encarnação como Demócrito, o fundador da atomística, estudioso da física e da matemática.

José Bonifácio, político, escritor e jurisconsulto, principal figura da Independência do Brasil, renasceu como Rui Barbosa, repetindo a profissão, a índole política, e se tornando um paladino a favor da República.

Amenófis, inteligente e sensato médico da época de Ramsés II, volta noutra encarnação como João Huss, divulgando ideias corajosas e revolucionárias e depois, regressa como Allan Kardec, o "bom senso encarnado" e responsável pela codificação gloriosa do espiritismo.

Anchieta, o grande amigo dos silvícolas e da caridade, toma outra vez o vestuário de carne vivendo a figura de Frei Fabiano de Cristo, o venerado capuchinho da tradição cristã.

Iron, o grande cacique inca, descobridor das florestas da Colômbia, retorna à Terra e, na figura de Cristóvão Colombo, cruza o oceano e descobre as próprias terras que lhe pertenceram no passado.

Átila pela segunda vez percorre a História erguendo pirâmides de cabeças, na figura do feroz Gengis Khan.

Antúlio organiza a mensagem de trabalho e a rota amorosa para a Atlântida, para milênios depois descer ao vosso orbe e iluminá-lo novamente na figura do sublime Jesus de Nazaré.

Conclusão

Fica evidenciado, portanto, que embora se dobrem os séculos e os milênios, os espíritos ainda conservam por longo tempo a sua característica fundamental amorosa ou odiosa, benfeitora ou delituosa, revivendo em novas personalidades terrenas as mesmas virtudes ou paixões perigosas, sem truncar a sua linha psicológica reencarnatória.

Entretanto, como tudo obedece ao determinismo evolutivo, diz também Ramatís que "Nero um dia poderá vir a ser um Ghandi, porque Ghandi pode já ter sido um Nero".

4. O Sol Astral

O sol nas colônias astrais

O Sol que vedes no firmamento e que vos aquece com seus raios caloríficos é o mesmo que banha as colônias e cidades astrais existentes em torno do globo terráqueo; no entanto, para vós, é um astro de ação mais física, enquanto que nós o sentimos interiormente, isto é, na sua plenitude astral. O nosso ambiente, por ser integrado pela substância astral, dispensa a ação propriamente física do Sol, mas recebe toda a sua energia astralina.

Sol físico, sol astral, sol mental...

No cursos educativos de nossa metrópole tenho aprendido que os espíritos que findam as suas encarnações na Terra e terminam a sua educação no mundo astral passam, em seguida, para um outro plano ainda mais interior, denominado "mundo mental concreto", onde ainda existe matéria mental, mas de tal sutileza, que lhes atende, instantaneamente, àquilo que pensam e desejam. Explicam-nos, então, que esse mundo mental concreto está muito além da natureza vibratória do mundo astral, assim como a nossa esfera astral também se encontra muito além dos fenômenos da Terra.

E o Sol, como centro de vida e sustentáculo de todo o nosso sistema, continua a alimentar todos os demais mundos "interiores" da vida espiritual, assim como nutre a crosta terrestre, embora a cada um conforme a energia correspondente ao seu meio de vida.

Embora o Sol seja, pois, um só, há um Sol físico para a Terra física, um Sol astral para o mundo astral e um Sol mental para o mundo mental concreto.[2]

Assim como a manifestação do Sol físico é mais grosseira do que a do Sol astral, este também é mais rude do que o Sol mental.

A luz que alimenta o astral superior

É por isso que, na metrópole do Grande Coração, nós haurimos a luz do Sol na sua manifestação mais pura e dinâmica, porque nos movemos num mundo de energias semelhantes, o mundo astral.

Acredito que a ciência terrena já não mais duvida de que o Sol é antes um foco de luz do que de calor; essa luz é que se transforma em calor, assim que encontra a resistência no "biombo" da atmosfera terrestre, e então chega até vós na forma de raios caloríferos.

Assim, a energia principal pura do Sol é a luz e não o calor, pois este já é energia degradada.

---

2 Pode-se dizer que seriam os corpos físico, astral e mental do Sol, nosso Logos, a Consciência Diretora do nosso sistema.

Se quiserdes saber por que motivo em nosso mundo astral nós aproveitamos a energia mais elevada do Sol, é só compreenderdes que, enquanto recebeis raios caloríficos, que se filtram através do "biombo" atmosférico da Terra. nós recebemos diretamente o Sol em sua dinâmica natural de luz.

5. A música no Além

Papel da música

A música é um prolongamento vivo da alma, mensagem afetiva em qualquer região cósmica. É um cântico divino que o Criador inspira à alma para acelerar a sua ventura eterna. O papel importantíssimo da música sobre as nossas almas é o de "desmaterializar" a nossa personalidade inferior, para eclodirem em nós os sentimentos definitivos do anjo criador.

A música no Astral Superior

A mesma música que executais aí na Terra, nós aqui podemos interpretar sob melhor instrumentação, mais rica de qualidade porque o mundo astral é o limiar do mundo mental, que é a fonte original de onde nasce toda a ideia sinfônica.

Não esqueçais de que, aqui, nós lidamos com a origem das coisas que formam o vosso mundo, tão opaco de luz e tão longe da leveza astral. Os mais belos objetos, enfeites, edifícios e criaturas terrestres que selecionásseis para compor a mais formosa paisagem terrestre ainda não conseguiriam vos dar uma pálida ideia do mais singelo recanto da metrópole onde resido, com a "luz interior" que impregna todas as coisas da metrópole do Grande Coração.

Tudo nela é plasmado na substância astral quintessenciada, que a torna um mundo de fadas, ainda impossível de caber na vossa imaginação. O mesmo fenômeno ocorre com a música, quando a mesma composição executada na Terra recebe aqui um banho de luz e encanto divinos.

A grande superioridade de execução, em nossa metrópole, transfigura e aformoseia de modo indescritível a mesma composição musical que aí ouvis. Isso por causa do instrumental medíocre fabricado com material terrestre, muito compacto e letárgico em suas vibrações, e uma técnica que reduz a capacidade de execução por parte dos músicos encarnados. Então se fragmenta grande parte da beleza original da música.

Quando, por exemplo, ouvimos aqui a Pastoral de Beethoven, com instrumentos construídos com a delicadíssima substância astral, ela se transfigura, a ponto de se identificar a emoção sidérea do próprio anjo que inspirou Beethoven.

Solistas do astral

Em quase todos os lares daqui (Metrópole do Grande Coração) existe um instrumento predileto do seu morador, e adequado aos solos preferidos pelo seu tipo de alma. A cítara, o cravo, o órgão, a harpa, o piano, o violino, o violoncelo ou a flauta encontram aqui exímios executores, delicados prolongamentos vivos de suas almas.

Mas ainda existem outros instrumentos de maior capacidade, alguns semelhantes aos acordeões, outros como combinação de órgão e piano movidos por energia astral. Os moradores também organizam duetos, tercetos e quartetos que superam as vossas suntuosas orquestras sinfônicas porque, além da sonoridade, as melodias são impregnadas de tal emoção espiritual que se assemelham a divinos cânticos angélicos. Não posso descrever-vos a natureza, a portentosidade e o fascínio das massas corais e das orquestras sinfônicas dos planos felizes do astral superior; é acontecimento que o vocabulário humano é impotente para configurar.

6. Os criadores das formas

"Vós sois deuses"
Jesus

Deveis saber que não existe um pernilongo, uma pétala de flor ou mesmo um galho de urtiga que não tenha sido idealizado primeiramente na mente dos espíritos desencarnados, para só depois ser forjado no cadinho das formas materiais. A criação é eterna, porque as almas que aceitaram a incumbência de "criar" o fazem perenemente.

Não supondes, por exemplo, que as florezinhas dos campos que pisais inadvertidamente, são produtos materializados de pensamentos angélicos já projetados há incontáveis milênios.

Um aprendiz de criador

Sou (na metrópole astral do Grande Coração) discípulo de irmão Navarana, que foi disciplinado iogue, e que desde a Atlântida me vem acompanhando carinhosamente e aqui se encarregou de me orientar no desenvolvimento das forças mentais criadoras. De vez em quando, em companhia de outros discípulos, saímos para os arredores da metrópole a fim de fazer alguns exercícios de mentalização criadora.

Certa vez, sob a direção de irmão Nvarana, eu tentava um exercício de meu poder mental e resolvi reproduzir na tela do meio astral encantadora flor, que me fora mostrada nos modelos da Instituição das Flores.

Após servir-me de minhas forças mentais, pude retratar a flor materializada no ambiente astral. E então exultei de alegria infantil. No entanto, com um sorriso enigmático de irmão Navarana, e para minha primeira decepção como "espírito criador", ele me mostrou todos os defeitos encontrados na flor materializada, explicando-me que, se o departamento floral da metrópole reduzisse aquela flor a semente e a transferisse para a matéria, o molde etérico daquele espécime seria tão imperfeito que nenhuma força na Terra conseguiria fazê-lo germinar.

Por longo tempo exauri-me no exercício de mentalizações experimentais, para verificar, cabisbaixo, que sempre faltava algo: ora eu esquecera de mentalizar o pólen, ora faltava o arminho protetor das pétalas, periclitava a sutura das folhas à haste, ou então o processo da corola se antecipava ao do caule.

Entro em tais detalhes, para que saibais que a pressa está ausente do plano da criação, pois os "iniciadores siderais" vivem exclusivamente no eterno presente, despreocupados das aflições tão próprias do calendário humano.

Cada ser vivo, um projeto

Uma florzinha das mais diminutas pode ter sido objeto de cuidadoso plano que tenha se desenvolvido durante alguns séculos de experimentações astrais e correções mentais, antes de ser transferida definitivamente para o laboratório do mundo físico e integrada na fenomenologia material responsável pela germinação da semente na Crosta.

Cada semente material é um pequeno cofre contendo em sua intimidade etérica todo o processo de crescimento e a miniatura da futura árvore ou da espécie que foi criada e avivada na substância mental-astral pelos seus criadores. Quando ela eclode no seio da terra, como um produto do vegetal que a originou, apenas desata a configuração mental que já dormitava em seu seio, constituindo o efeito de um plano disciplinado e que já fora vivido antecipadamente, em todo o seu ciclo germinativo.

Esse plano dinâmico-mental, que depois se põe em movimento acionado pelas forças do mundo astral e vai "descendo" até a conexão com as energias terrestres, é que realmente aglutina as forças do meio físico.

Novos criadores

Quando o espírito se fatiga da ilusão material, inicia por si mesmo a investigação da própria origem espiritual e se aplica ao despertamento definitivo de suas forças ocultas.

Todo esforço de aperfeiçoamento espiritual, em conjunto com o desenvolvimento mental, não só é o princípio de libertação da roda das reencarnações, como também é motivo de júbilo para os técnicos siderais, pois é sempre um novo cooperador que se inicia na divina arte de "criar" na tela do Infinito.

Capítulo 6

Mediunismo

1. A mediunidade natural e a de prova

Faculdades psíquicas – a mediunidade natural

Os espíritos que já atingiram um alto nível moral e integraram-se à vida psíquica superior, quando encarnados são mais sensíveis aos fenômenos do mundo oculto, embora isso não aconteça de modo ostensivo, mas apenas da intuição pura. E sua faculdade mediúnica, então, é o sagrado corolário do seu próprio aprimoramento espiritual, em vez de uma "concessão" extemporânea.

Eles transformam-se em centros receptivos das manifestações incomuns que transcendem os sentidos físicos; sua alta sensibilidade, fruto de avançado grau espiritual, afina-se incessantemente com os valores psíquicos do melhor quilate, facultando-lhes não só o conhecimento instantâneo dos acontecimentos presentes, como ainda as revelações mais importantes do futuro.

Diferença

Há grande diferença entre o médium cuja faculdade é aquisição natural, decorrente de sua maturidade espiritual, e o médium de "prova".

Servindo-nos de uma comparação diríamos que o médium natural assemelha-se ao músico ou pintor já nascido com o "dom" espontâneo para exercer sua arte, à qual se entrega com facilidade e prazer. O médium de prova, no entanto, é o aluno que está sendo obrigado a estudar uma ciência ou arte para a qual ainda não apresenta qualidades espontâneas; então precisa esforçar-se heroicamente para consegui-las sob um longo treino exercido entre vacilações, malogros e decepções.

Mediunidade de prova

O médium de "prova" é agraciado imaturamente com a faculdade mediúnica destinada a proporcionar-lhe o resgate de suas próprias dívidas cármicas.

Através de processos magnéticos, que ainda vos são desconhecidos, os técnicos do Astral hipersensibilizam o perispírito daqueles que precisam encarnar-se com a obrigação de trabalhar, pelo serviço da mediunidade, a favor do próximo, e também empreender a sua própria recuperação espiritual.

No Além existem departamentos técnicos especializados, que ajudam os espíritos a acelerar determinados centros energéticos e vitais do perispírito, despertando-lhes provisoriamente a sensibilidade psíquica para a receptividade dos fenômenos do mundo oculto, enquanto encarnados. Esse é o mandato mediúnico ou a transitória faculdade concedida a título de "empréstimo" pelo Banco Divino. Mas é também a arma de dois gumes, que exige severa postura moral no mundo, pois ela tanto situa o seu portador em contato com os espíritos benfeitores como também o coloca facilmente na faixa vibratória sombria das entidades do astral inferior.

É somente o "empréstimo" que lhe permite ressarcir-se de suas tolices e insânias cometidas no passado, compensando o tempo perdido com um serviço extraordinário. Os Mentores Siderais, apiedados dos espíritos demasiadamente onerados em seu fardo cármico para o futuro, lhes oferecem assim a oportunidade do reajuste mais breve para alcançarem a ventura mais cedo.

De uma para outra

Embora seja agraciado prematuramente com um sentido psíquico mais avançado e ao qual ainda não fazia jus, o médium sinceramente devotado à sua recuperação espiritual no serviço mediúnico poderá transformar em uma faculdade "natural" aquilo que lhe era somente uma faculdade de "prova". Evidentemente isso é difícil, mas não impossível, pois alguns raros médiuns lograram alcançar a graça da faculdade mediúnica natural pela graça da faculdade de prova.

Pode o médium de prova, integrado no serviço mediúnico sob a égide de Jesus, depurar-se de tal modo que, ao desencarnar, já esteja gozando, em grande parte, da sublime mediunidade natural, que é na realidade a verdadeira mediunidade espiritual.

No entanto, é necessário compreenderdes que não existe uma linha demarcativa específica entre a mediunidade de prova e a mediunidade natural em que, por força de alguma virtude já bastante desenvolvida, ele logra ser o instrumento excelso da revelação superior.

Quando distinguimos o médium natural do médium de prova, desejamos apenas destacar aquele que é um instrumento espontâneo e superior da realidade espiritual, daquele que renasce na Terra onerado por uma obrigação de ordem cármica.

2. Caridade a todo pano

Luz fora e penumbra dentro

É evidente que a prestação da caridade só é sublime e louvável quando na intimidade da alma já existe a qualidade crística do prazer espontâneo de servir ao próximo. Algumas vezes podemos acender luzes nos corações alheios e, paradoxalmente, findamos nossas vidas na escuridão do descaso íntimo.

Exaurindo-nos para atender aos pedintes de todas as espécies que, na maioria das vezes, são criaturas em busca de soluções fáceis pela via mediúnica, nem por isso ficamos desobrigados de extinguir as sorrateiras paixões que ainda podem morar em nossas almas. O serviço a favor do próximo, embora seja de valor, não dispensa da higienização espiritual aquele que o realiza.

Quando o cruel Saulo se transformou em Paulo, decidiu-se em primeiro lugar a dar cabo do "homem velho", isto é, extinguir a velha e vaidosa personalidade humana e fazer ressurgir o "homem novo" da individualidade angélica.

Os magníficos serviços cristãos que os médiuns podem prestar à humanidade não os eximem de purificar o seu próprio espírito, pois não basta atenderem criaturas aflitas ou praticar a caridade "a todo pano" Antes de tudo precisam comprovar, em si mesmos, se realmente usufruem da emoção espiritual da servir o próximo por sincero prazer, ou se se trata apenas do desejo egoísta de alcançar o céu.

Fogos de artifício

Os médiuns que se gabam no labor espetacular de fazer a caridade por obrigação cármica e sem a força íntima do amor espiritual são candidatos à desilusão produzida pelas cinzas dos fogos de artifício. O bem há de ser feito pelo próprio bem, sem qualquer interesse ou noção de dever; é um estado espiritual de dedicação em favor de outrem; comove quem o recebe e rejubila quem o pratica. É um ato essencial do espírito, e se degrada quando praticado sob o interesse da personalidade própria.

A caridade pode ser puro artificialismo, mesmo naqueles que a praticam para cumprir missões do Alto. O Bem, em sua verdadeira essência, dispensa os estímulos externos que lhe roubam a espontaneidade; ele só é válido pelo prazer íntimo de servir.

3. Os dorminhocos das sessões espíritas

"Transe" ou desinteresse?

Embora reconheçamos que no transe sonambúlico o corpo físico adormece profundamente, enquanto o espirito do médium pode distanciar-se bastante para exercer algum serviço espiritual, isso não é tão comum naqueles que ressonam à larga durante os trabalhos espíritas.

Em verdade, o que mantém a criatura desperta durante conferências, leituras, trabalhos mediúnicos ou doutrinários nos centros espíritas é sempre o interesse espontâneo causado pelo desejo sincero de aperfeiçoamento espiritual. Em geral, os que dormem facilmente nas sessões mediúnicas e se cansam nas reuniões evangélicas muito raramente adormecem durante o futebol, a novela e mesmo no cinema, malgrado projetar-se péssimo filme.

Há criaturas que dormem nas igrejas católicas, no templo protestante e nas instituições culturais, assim que o sacerdote empunha o Evangelho para a leitura de praxe, o pastor abre a Bíblia ou o conferencista aborda o tema de sua palestra.

Os frequentadores dorminhocos dos ambientes espíritas comprovam obviamente que não estão se interessando pelo assunto em foco, pois se se interessassem ficariam despertos.

"Doando ectoplasma"

É uma desculpa – hoje já meio desgastada – que se ouve às vezes para tentar explicar os dorminhocos em palestras e sessões: estão "doando ectoplasma"...

Trata-se de acontecimento muito raro, cremos que só em casos excepcionais os espíritos de responsabilidade extraem fluidos de pessoas sonolentas nas sessões espíritas, para atender enfermos a distância, pois eles não costumam violentar ou vampirizar as criaturas que adormecem displicentemente e que não estão participando em vigília dos fenômenos caritativos.

Não agrada a tais espíritos fazer a caridade sem o consentimento do dono dos fluidos, que é o menos interessado no caso. O motor que produz fluidos benfeitores ao próximo deve ser movido pela vontade daquele que deseja servir.

A caridade só é plausível quando o seu agente oferta algo de si, consciente e espontaneamente, impregnando a sua ação com o calor do seu coração, porquanto o céu não se conquista através de procuração alheia e nem comodamente adormecido.

Sem dúvida, a extração indébita de fluidos daqueles que dormem em ambientes espiríticos, na verdade, não passaria de censurável vampirismo, embora praticada pelos espíritos benfeitores e destinada a fins úteis.

4. A aura da terra que criamos

Pensamos e criamos nossa aura

Os homens só muito raramente não vivem algemados exclusivamente aos seus interesses imediatos no mundo físico; em geral, eles sofrem a atuação hipnótica dos fluidos densos produzidos pela sua própria esfera mental e que os ligam às baixas camadas do astral inferior.

Os espíritos benfeitores envidam hercúleos esforços para despertar os seus pupilos através da sugestão mental ou influir-lhes no coração, a fim de os afastar da fascinação mórbida exercida pelas paixões e pelos tesouros efêmeros do mundo material.

Isto posto, como poderão eles atravessar o "cartucho" de fluidos densos, plúmbeos e pegajosos que comumente se emborca sobre as criaturas sedentas de sensações inferiores?

Os pensamentos têm cor

Em sua maioria, os homens passam pelas ruas das cidades metidos nas suas auras ovoides constituídas pelo baixo eterismo animal da Terra, como se fossem pitorescos carregadores de barracas confeccionadas com fluidos cinzentos e oleosos.

Alguns destacam-se pelos tons lamacentos e arroxeados das manchas extensas que lhes fulgem sombriamente sobre a aura nevoenta, a trair-lhes o desejo sexual subvertido; noutros é a cor escarlate chamejante, identificando o ódio que ainda nutrem contra prováveis adversários da vida em comum. No manto de fluidos densos que os envolve como a cerração opaca das manhãs frias sobre a superfície do rio, pintalgam e atiçam-se os fragmentos coloridos de todos os tons imagináveis![1]

São as tonalidades que marcam os bons e maus pensamentos, os desejos impuros ou os sentimentos altruístas. Algumas cores clareiam sob as ideias benevolentes; outras enodoam-se no fluido pegajoso do instinto animal, revelando aos desencarnados o caráter dos homens.

Iscas para o astral

Os espíritos gozadores seguem no encalço daqueles que ainda são usinas vivas dos maus fluidos e alimentam-lhes voluptuosamente as piores intenções, projetando os quadros mais sensuais na mente deseducada. Sugerem as aventuras condenáveis e estimulam o ódio, a violência, a cupidez a desonestidade ou a vingança; exaltam o orgulho, ativam o amor-próprio ferido ou subvertem a consciência no julgamento das intenções mais inofensivas e dos gestos mais inocentes do próximo.

A aura suja da terra

Nesse turbilhão ruidoso e heterogêneo das metrópoles da Terra, em que, devido ao estado primário de sua humanidade, predominam na sua superfície as contendas políticas, as guerras fratricidas, as competições comerciais, a cupidez de posse ou o desejo animal, forma-se o manto vigoroso e denso dos fluidos nocivos exalados prodigamente pelo astral inferior. E o orbe é envolto por uma aura suja e oleosa; no seio de tal cerração astral as almas benfeitoras movem-se dificultosamente para abrir

1 Vide *Formas de Pensamento*, de Leadbeater, Editora do Conhecimento.

clareiras de luz aos terrícolas ainda entontecidos pelas paixões.

No futuro

Em face de o Espírito de Deus palpitar na intimidade de todas as coisas de Sua Criação, a Luz Sublime permanece em contínua expansão centrífuga. No futuro, a Terra também será vestida com uma aura refulgente, divina cabeleira de luz a substituir o manto de fluidos densos e tristes do presente.

É suficiente a atuação de um punhado de anjos que permanecem servindo ao mundo físico para neutralizar a ação de milhares de espíritos diabólicos, desintegrando pelos fótons siderais os lençóis microbianos do astral inferior. São essas almas abnegadas a esperança do Alto para firmar na matéria os fundamentos da nova humanidade.

Toda criatura é luminescente centelha espiritual do Criador, abafada pela veste pesada dos fluidos primitivos, mas é sempre também a ponte espiritual ligando os abismos da animalidade com as colinas refulgentes da angelitude.

5. O bom humor dos espíritos

Em geral os médiuns novatos e ignorantes da realidade da vida do espírito pressupõem que a morte é um ato de magia ou passe miraculoso que modifica instantaneamente o conteúdo psicológico e o estado moral dos desencarnados.

Em face da ideia fúnebre que ainda se tem na Terra com relação à vida além da sepultura, os desencarnados são transformados em figuras empertigadas e sentenciosas, que se movem num céu dominado por profundo silêncio.

Depois da morte do corpo físico, dizem, os espíritos devem ser sisudos, graves e compungidos, com lábios que só se entreabrem para censurar as volubilidades e os pecados dos homens.

No Astral Superior também se ri

Dificilmente os encarnados podem imaginar que, além do túmulo e nas regiões felizes, ainda permanecem o riso farto, a jovialidade e a despreocupação das almas angélicas libertas dos complexos e recalques humanos, cujo sentimento puro e inocência de intenções justificam a divina máxima de Jesus, quando exclamava: "Vinde a mim as criancinhas, porque delas é o reino dos céus".

Os pessimistas não podem admitir que os "mortos" possam desempenhar atividades laboriosas e a tudo contagiar com sua alegria, seu trabalho e otimismo. Mas a verdade é que as colônias espirituais venturosas que circundam o orbe são colmeias de almas afeitas ao humorismo sadio, à graça e à jovialidade dos intercâmbios afetivos Se a morte não transforma a almas em arcanjos liriais purificados à última hora, ela também não extingue as preferências boas ou más que tenham sido esposadas na Terra.

Os guias que vos visitam das regiões de paz e luz não devem ser levados à conta de fantasmas suspirosos ou almas carrancudas, tristes e severas, cuja presença nas sessões espíritas, em vez de desanuviar o ambiente, torna-o ainda mais tristonho e soturno.

A alegria é a marca dos superiores

A verdade é que os espíritos felizes são alegres e absolutamente despreocupados das convenções e preconceitos humanos, e seu maior desejo é incentivar-vos o ânimo, desopilar-vos o fígado e preencher a vossa alma com o otimismo e a esperança num futuro feliz.

Acreditamos que, ao codificar o Espiritismo, Allan Kardec objetivava mais uma transfusão de sangue novo na crença triste e nos sofrimentos do homens, do que mesmo estabelecer um intercâmbio convencional, em que as almas felizes são apenas "mortos" carrancudos e lastimosos.

Capítulo 7

Mediunidade de Cura

1. A luz curadora

A luz cósmica, origem do universo

A realidade cósmica é que a Vida, em suas múltiplas manifestações, é fruto da Luz. Todo o equilíbrio vital da Criação tem seu sustentáculo nas vibrações de uma Luz Cósmica de amor infinito, que é essência da Mente Divina.

A Luz Sidérea, irradiação da sabedoria e amor infinitos do Criador, flui e baixa a sua frequência poderosa através de espíritos de várias graduações siderais[1] até chegar ao mundículo terreno, onde nutre e vitaliza o homem; o qual, por sua vez, manuseando-a com conhecimento de causa, efetua curas e operações cirúrgicas, obtendo resultados miraculosos.

A luz curadora

A Luz Sidérea é um atributo imanente aceso no seio de todas as coisas e criaturas; e em certos casos a sua frequência, por determinação superior, pode ser ajustada ao tipo humano, em condições de propiciar curas e fenômenos surpreendentes, considerados como verdadeiros milagres.

Há casos de curas radicais de moléstias graves, que se produzem pela absorção dessa "Luz terapêutica" que existe em vibração etérica no local onde foram sepultadas criaturas cuja vida terrena foi pura, sublime e santificante.

É o fenômeno que tem ocorrido em Lourdes, na França, e

1 Vide o texto "Os Engenheiros Siderais e o plano da criação".

também junto ao túmulo de S.Francisco de Assis, de Santa Terezinha, de Buda e inúmeros santos iogues da Índia, lugares que são considerados miraculosos porque efetivamente paira no ambiente uma irradiação de "Luz Terapêutica" que foi absorvida e irradiada por esses seres de elevada graduação espiritual.

Cirurgias espirituais

A Luz Sideral ou Luz Original, criadora da Vida, embora reduzida em sua frequência para manifestar-se nos mundos inferiores, seu potencial consegue impedir e neutralizar a procriação das coletividades microbianas enfermiças. Conforme a frequência em que é calibrada, ela cria, esteriliza, anestesia, cura e cicatriza. Deste modo, os espíritos e os médiuns que possuam a faculdade de mobilizar algumas vibrações da Luz Sidérea estão aptos a fazer operações cirúrgicas com êxito.

Arigó visto por Hercílio Maes

"Em visita ao médium Arigó, tive oportunidade de comprovar essa ação esterilizante da Luz, pois o aposento onde se faziam as operações estava iluminado por um cone de luz astralina, na forma de uma pirâmide luminosa cujo vértice era constituído por um grupo de quatro espíritos de túnicas alvíssimas, unidos por um amplexo iniciático, lembrando a "cadeia mágica" dos antigos sacerdotes egípcios. O dito grupo recebia a "Luz Branca" do Alto e, como "transformadores" angélicos, faziam que ela fluísse para o aposento do médium. E mais abaixo, em atitude de prece, estava um franciscano (mais tarde, soubemos que era Frei Fabiano de Cristo), o qual, também como "transformador vivo", captava a massa de luz irradiada pelos que estavam mais acima; e reduzindo sua frequência, fazia que a sua cor se convertesse num matiz de "limão novo". Era uma luz claríssima e sedativa, a derramar-se por toda a área operatória de Arigó. O seu amarelo esverdecente higienizava ou esterilizava o ambiente e também as ferramentas que o Dr. Fritz manejava, incorporado no médium.

Em dado momento, tendo caído um instrumento da mão do médium, projetou-se fora da zona da luz. Então o espírito do Dr. Fritz fez uma súplica ao Alto; e Frei Fabiano, polarizando sobre o dito instrumento uma irradiação de sua própria luz, logo a ferramenta transferiu-se para junto do médium, que a apanhou e continuou a operar".

Materializações da luz

"Aliás, percebi que Arigó só operava os pacientes sobre os quais descia uma luzinha branca, que era uma espécie de autorização do Alto.

Arigó erguia a mão com um punhado de algodão e rogava a Jesus: "Senhor, água que anestesia!" Imediatamente os espíritos técnicos do "outro lado" umedeciam esse algodão numa retorta com um líquido esmeraldino, o qual depois se materializava, escorrendo pelo braço de Arigó. Após operar o paciente, o médium novamente erguia outro punhado de algodão ao alto e pedia: "Senhor! Água que cicatriza!" Desta vez os assistentes desencarnados envolviam o algodão num líquido cor rosa-salmão, que depois também escorria pela mão do Arigó, às vezes efervescendo como água oxigenada, em cor branca".

2. A gênese das enfermidades

"Pecados" e "virtudes" dominantes

Cada homem possui uma virtude dominante sobre as demais virtudes menores, assim como também é vítima de um pecado mais grave que prevalece sobre os demais pecadilhos inofensivos. Deste modo, o espírito do homem, em sua romagem terrena, pensa, emociona-se e age oscilando entre os extremos da faixa vibratória do "maior pecado" e da "maior virtude"!

A produção dos tóxicos enfermiços

Durante os "momentos pecaminosos", o homem mobiliza e atrai, do mundo oculto, os fluidos do instinto animal, os quais convertem-se num resíduo denso e tóxico, que adere ao corpo astral. Ele aciona pensamentos ou emoções de baixa frequência vibratória e impregnados do magnetismo denso e agressivo das subcamadas do mundo oculto, e depois que tal energia inferior filtra-se pela mente ou flui pelo corpo astral, ela constitui uma combinação "quimio-fluídica" tóxica e ofensiva ao perispírito.

A recuperação da saúde do seu espírito enfermo só poderá ser conseguida quando o corpo físico for o dreno ou válvula de escape para expurgar os fluidos deletérios que o intoxicam. As toxinas psíquicas, durante a purificação perispiritual, convergem para os tecidos, órgãos ou regiões do corpo e produzem as manifestações enfermiças (doenças).

A origem remota

Em verdade, as energias primárias ou instintivas do mundo animal encontram-se adormecidas na intimidade da própria alma, porque se trata do residual de forças que já lhe serviram quando da estruturação do corpo físico.

Os "pecados" ou atitudes, pensamentos e emoções de ordem animal despertam essas forças e as excitam, fazendo-as aflorar à superfície do perispírito. Embora o termo não se ajuste perfeitamente à nossa ideia, diríamos que esses fluidos vigorosos e elementais terminam por "coagular" na intimidade do perispírito.

Se os vossos médicos fossem clarividentes, conseguiriam penetrar na intimidade psíquica do homem e certificar-se da presença desses fluídos primários, os quais, excitados por emoções agudas ou desatinadas, podem resultar em consequências fatais.

Fluidos específicos de cada enfermidade

O homem, no seus momentos de subversão espiritual, passa a alimentar um tipo específico de vírus (que se alimentam com o fluído mórbido específico que "desce" do perispírito para a carne), gerando determinada doença que a medicina depois classifica.

A cólera, a irascibilidade, a violência mental ou emotiva produzem o campo fluídico mórbido para nutrir e alastrar as afecções cutâneas ou eczemáticas.

A maledicência, a calúnia ou a magia mental, verbal ou física geram tóxicos responsáveis pela vida do ultravírus que produz a moléstia cármica do "prejuízo ao próximo" conhecido como o câncer.

Do mesmo modo, a indiferença, a egolatria ou o egoísmo põem em movimento fluidos perniciosos que depois adubam o terreno orgânico do homem e o predispõem para as enfermidades contagiosas como a tuberculose.

O doente contagioso é obrigado a isolar-se da própria família e das relações comuns; em verdade, ele apenas colhe os efeitos gerados pelo seu egoísmo nas vidas passadas, quando preferiu devotar-se em excesso ao seu próprio bem, pouco lhe importando o próximo. De acordo com a lei cármica, de que "o homem colhe conforme sua semeadura", o doente contagioso, isolado do resto do mundo, é o mesmo espírito egocêntrico e frio que, no passado viveu só para si próprio.

3. A origem espiritual do câncer

A gênese da intoxicação fluídica

Quando o homem aciona pensamentos ou emoções de baixa frequência vibratória, impregnados do magnetismo denso do mundo oculto, usa uma cota de energias do residual animal que traz em si.

Depois que tal energia se filtra pela mente e o corpo astral, assume um aspecto mórbido tóxico e ofensivo ao perispírito do homem.

Em rude analogia, diríamos que os "pecados" exigem um combustível pesado, de odor desagradável e resíduo denso, algo semelhante ao óleo cru usado nos motores de explosão, enquanto as virtudes requerem apenas energia sublimada, de fácil volatilização, tal qual o motorzinho elétrico, que se move sem deixar vestígios residuais.

Sucede de modo parecido com o residual fluídico inferior que resulta dos "pecados" do homem. Depois de imantar-se à tessitura do perispírito, precisa ser expurgado para a carne, e se condensa e se aloja seja no pulmão, no intestino, no pâncreas, no fígado, rins, estômago no baço, nos ossos e no sistema linfático, endocrínico ou sanguíneo.

Ontem e hoje

A carga fluídica nociva aderida ao perispírito tanto é decorrente da existência atual, como também resulta de herança deletéria que o espírito não pôde expurgar completamente pelos corpos de suas vidas anteriores, nem expelir, de todo, nos charcos absorventes do Além-túmulo.

A carga fluídica deletéria acumulada no perispírito não se vaporiza mediante um "passe de mágica". É um expurgo saneador útil ao espírito enfermo, e do qual não escapam a criança, o velho, o sacerdote, o bandido, a santa, a prostituta, o herói ou o sábio, porquanto, se na sua ficha cármica estiver averbado o débito de tal provação, a solução radical para eliminar a doença e obter a saúde é sanear a alma, livrando-a dos venenos psíquicos.

As raízes ocultas do câncer

Os fluidos que a alma já traz aderidos ao seu perispírito desde as existências pregressas, resultantes dos pecados da calúnia, da vingança, do ódio, da crueldade e de magia mental, verbal ou física, que resultam em desgraças para o próximo, ao serem expurgados para o corpo carnal, são focos deletérios que nutrem o ultravírus causador do câncer, ainda não identificado pela medicina.

Trata-se de um residual fluídico tóxico e avassalador, cuja ação é lenta mas implacável, pois às vezes fica incubado no perispírito durante séculos até ser expurgado definitivamente através da carne.

É uma "carga" funesta que faz o espírito sofrer atrozmente no Além-túmulo, requerendo, quase sempre, a intervenção dos psicólogos siderais, no sentido de ser provocado um "despejo" mais intenso que consiga aliviar o perispírito. Então, quando se processa essa descarga para o corpo físico, o seu impacto ataca o núcleo das células tenras, em crescimento, deformando-lhes a estrutura vital.

Durante o alastramento indiscriminado desse residual mórbido, que alimenta o ultravírus cancerígeno, surgem ou formam-se tumores malignos, conhecidos da medicina por sarcomas, epiteliomas ou neoplasmas. E se ataca a medula óssea, dá causa à leucemia.

No entanto, apesar da diversidade de tais manifestações, é sempre a mesma energia tóxica do vírus cancerígeno, ainda inacessível às pesquisas e identificação dos vossos laboratórios.

4. Os doentes incuráveis

Cada humanidade tem a medicina que merece

O tratamento médico do mundo terreno ainda é exercido à base de substâncias indesejáveis, da mutilação cirúrgica, das cauterizações cruciantes e perfurações dos músculos e veias pelas agulhas hipodérmicas, porque os terrícolas ainda são criaturas cujo primarismo espiritual as torna passíveis de uma terapêutica severa e aflitiva. A medicina terrena não é culpada pela sua impotência em não curar todos os pacientes, ou pela impossibilidade de exercer a sua missão de modo suave, indolor e infalível.

Tais contingências são uma decorrência psicomagnética do perispírito dos terrícolas. Mesmo as criaturas mansas de coração e até bondosas, mas que se encontram em sofrimentos atrozes, como os cancerosos, não passam de almas delituosas no seu passado, e ainda em transe de purificação espiritual.

No entanto, o Alto se penaliza das criaturas humanas ainda perversas e animalizadas, e patrocina no mundo material a organização benfeitora da medicina, que cumpre o sagrado dever de aliviar a dor humana quanto possível.

O médico, portanto, não merece censuras porque comete equívocos na tentativa justa de curar o seu paciente; este é que, em geral, por força da lei sideral, ainda não merece o alívio da dor ou a solução definitiva para sua doença.

A colheita obrigatória

Convictos do processo cármico retificador do espírito através das reencarnações expiatórias, tereis de admitir que, em face das tropelias, desmandos, crueldades das hordas famélicas e perversas do passado, esses mesmos espíritos belicosos precisam retornar à Terra para a retificação de sua consciência ainda tão brutalizada. Também é óbvio que ainda não merecem um tratamento suave, indolor e benfeitor por parte da medicina do mundo, e sim a mesma crueza que adotaram em suas vidas anteriores.

Tais espíritos ainda não merecem o socorro médico indolor pois, em vidas pregressas, foram fanáticos inquisidores do Santo Ofício, torturadores do Oriente, tiranos na Pérsia, católicos no massacre de São Bartolomeu, perseguidores de cristãos nos circos romanos, bárbaros senhores de escravos, soldados sanguinários das hostes de César, de Tamerlão, de Átila, de Gengis Khan, de Anibal; e assassinos dos judeus e povos indefesos, sob o comando de Hitler.

Esses impiedosos homens do passado encontram-se atualmente em provas acerbas, reencarnados como cidadãos comuns, operários, médicos, militares, artistas, comerciantes, motoristas, advogados, enfermeiros ou participantes de diversas religiões e credos.

A terapêutica necessária da doença

A dívida cármica deles é para com o orbe terráqueo, onde vasaram sua crueldade contra populações e criaturas indefesas; e por isso, a Lei os obriga a pagar até o "último ceitil", colhendo os efeitos das causas malignas semeadas no pretérito. Não há favorecimentos da Lei Divina, mas a injustiça também é impossível no processo de angelização do homem.

Sem dúvida, a doença cruel é a terapêutica mais adequada

para esses espíritos algo embrutecidos e refratários ao sentimento espiritual. Embora eles vos pareçam pacíficos e bondosos, ainda conservam no âmago da alma o potencial da violência, da falta de compaixão, como as sementes no solo ressequido, que não tardarão em expelir o seu tóxico logo que surja o clima apropriado.

Abatidos, cansados e profundamente humilhados, atingem a cova do cemitério e os seus corpos de carne transformam-se na "ponte viva" que intercambia para o subsolo os venenos do ódio, da raiva, da perversidade, da violência, do orgulho, da prepotência e cupidez gerados no barbarismo dos estímulos animais.

O merecimento para as terapias suaves

As pessoas de melhor graduação espiritual, ou que se encontram no fim de suas provas cármicas pelos sofrimentos ou vicissitudes já sofridos nas vidas anteriores, são eletivas e beneficiadas pela homeopatia, irradiações fluídicas, passes mediúnicos ou água fluidificada, dispensando a medicina cruciante das reações tóxicas.

Eis porque há tanta decepção e variedade no tratamento dos homens na Terra, pois a terapêutica salvadora de uma criatura é inócua aplicada a outro enfermo nas mesmas condições.

É o motivo porque há também grande sucesso na terapêutica médica e na terapêutica espírita mediúnica. No entanto, ambas fracassam em certos casos, quando os pacientes não fazem jus à cura, qualquer que seja o tipo de tratamento.

5. A distanásia – a "morte difícil"

O desespero diante do moribundo

Embora se louve o intuito de "salvar" o moribundo a todo transe e quando ainda parece existirem condições de vida, o desespero do que parte e dos que ficam é causado exclusivamente pelo pavor da morte ou medo do desconhecido.

A dúvida cruel, em vez da crença positiva e confortadora na imortalidade da alma é, pois, o verdadeiro motivo das aflições desesperadas de salvar-se o parente ou amigo moribundo, que presumem estar condenado a desaparecer para sempre!

A morte difícil

Se é censurável em face da Lei Divina a eutanásia, ou seja, a "morte fácil", liquidando a vida física daquele que sofre atrozmente, também é preciso evitar-se cair no extremo oposto da "distanásia", ou seja, provocar a "morte difícil", tornando-a demasiadamente dolorosa mediante um retardamento compulsório e artificial, impondo do moribundo mais alguns dias ou horas de vida completamente inútil.

Para o espírito já condenado a abandonar o seu corpo esfrangalhado e submetido às dores mais pungentes, pouco lhe adianta fazerem-no respirar mais alguns dias à custa de injeções, vitaminas, tônicos cardíacos, soros vitalizantes ou respiração artificial. Geralmente, nesse estado de imobilidade física, onde só a alma parece existir, a criatura já vitalmente exaurida e desenganada da vida humana, só tem um desejo: morrer! Por conseguinte, deitar mão de recursos compulsórios e artificiais, no sentido de prolongar a agonia do moribundo, é uma espécie de tortura inquisitorial, que leva o espírito, depois de liberto, a lamentar profundamente esse equívoco de seus familiares.

Sem sentido e cruel

Melhorou a média da vida humana, e também já se pode prolongar a velhice. Mas essa providência só é justa e aconselhável quando a criatura apresenta condições mínimas, orgânicas, que lhe permitem reviver, sem o esforço mórbido de se manter vivo o frangalho humano cujo espírito já anseia por sua libertação.

É algo de inquisitorial sustentar-se o moribundo qual paliteiro vivo espetado pelas agulhas hipodérmicas, estropiado pelas operações, drenado pela bexiga, alimentado pelas narinas, bombardeado na circulação pela "metralha" vitamínico-mineral, pois os seus órgãos já se encontram arrasados pelas medicações violentas aplicadas durante as crises graves da moléstia.

Prolongamento inútil

Em tais casos, a medicina não vence a morte, mas apenas prolonga uma vida incerta, cruel e desnecessária, adiando um acontecimento fatal a todos os seres.

Alguns espíritos desencarnados queixam-se das providências dolorosas de última hora, a que os seus parentes ou médicos os submeteram de modo inútil e até cruel, no derradeiro instante em que passavam para o "lado de cá". Outros censuram as explosões de desespero dos seus parentes aflitos ante a morte física.

É óbvio que não estamos condenando o esforço heroico e justo do médico, nem mesmo a abnegação de certos médiuns tentando salvar o moribundo que ainda se apresenta lúcido e resistente aos impactos desintegradores da morte.

Mas é um direito da criatura desencarnar em paz, depois de já ter desempenhado sua função proveitosa no mundo físico.

Carma e exagero

O moribundo já é alguém no treino final para a sua libertação. Mas se lhe foge a vida, malgrado todos os recursos dos parentes e dos médicos, isso não é nenhum equívoco do destino, pois cumpre-se o determinismo cármico. Quando falham todos os esforços para salvar o doente, o homem deve resignar-se à vontade do Pai.

Não resta dúvida que é crueldade abandonar o faminto, o nu e o doente à sua sorte cármica, mesmo quando estamos convictos de que ali se exerce uma provação redentora. Mas NÃO É CARIDADE o prolongamento ARTIFICIAL de um corpo exaurido de vida e que já perdeu todas as chances de viver e palpita, exangue, amarrando o espírito à carne atroz!

Referimo-nos, pois, ao prolongamento de um sofrimento inútil, e não à função benfeitora da dor, que até o ultimo instante de vida do ser atende aos desígnios do Alto. A vida humana, na Terra, é o desempenho de um programa para o espírito necessitado recuperar a situação superior negligenciada na passado. Neste caso, a sua dor cumprir-se-á até o momento determinado pela Lei de Causa e Efeito, não havendo, pois, necessidade de prolongá-la além do limite natural.

6. A função terapêutica dos charcos do astral inferior

Quando o espírito não consegue expurgar todo o conteúdo venenoso do seu perispírito (energias deletérias acumuladas pelas atitudes e estados mentais denominados "pecados") numa só existência física (onde se traduzem em doenças ou deficiências físicas), ele desperta no Além sobrecarregado de magnetismo primário, denso e hostil. Em tal caso, devido à própria "lei dos pesos específicos", ele cai nas zonas astralinas pantanosas, ou seja, no reservatório oculto das forças instintivas responsáveis pela vida animal.

Depois de atraído para esses pântanos do astral inferior, onde predominam em contínua ebulição as energias primárias criadoras do corpo animal, ele é submetido à terapêutica obrigatória de purgação do lodo absorvente, embora tal processo lhe seja incômodo, doloroso e repugnante. Sob esse tratamento cáustico da lama astralina absorvente, ele se liberta pouco a pouco das excrescências, nódoas, venenos e das "crostas fluídicas" que nasceram no seu tecido perispiritual por efeito dos seus atos pecaminosos vividos na matéria.

Sessão de cura

Embora sofra muitíssimo nos charcos astralinos, isso o alivia da carga mefítica acumulada na Terra, assim como o seu psiquismo enfermo, depois de chicoteado pela dor cruciante, desperta e corrige-se para viver existências futuras mais educativas ou menos animalizadas.

Os charcos do astral inferior lembram os recursos de que se servem alguns institutos de beleza da Terra, quando usam a lama terapêutica para limpar a pele e remover certas nódoas ou manchas antiestéticas. Há também certa analogia desses pântanos astralinos com a natureza absorvente de um tipo de barro e areia terrena, que são usados no processo de imersão dos enfermos para o tratamento do reumatismo.[2]

A verdade é que o homem é o autor exclusivo de sua glória ou desdita. As virtudes recomendadas por Jesus dispensam o uso das energias animais adversas e livram o espírito das purgações dolorosas através do corpo de carne ou nos charcos corretivos do além-túmulo.

7. A ferramenta superada

O "pecado" é o retorno ao animal que restou no fundo de nós mesmos.

---

2 Ramatís, provavelmente, refere-se às "areias monazíticas" que se acumulam nas orlas marítimas do Espírito Santo e realmente têm curado inúmeras enfermidades de natureza reumática (Nota do revisor)

De onde e como viemos

Embora as aves, os animais ou os insetos não possuam consciência individual já definida, eles estão subordinados ao comando de uma consciência psíquica coletiva, ou grupal, muito conhecida dos teosofistas, rosacruzes, ocultistas e iogues como o "espírito-grupo", coordenador de cada espécie inferior em evolução.

A consciência instintiva aprimora-se pouco a pouco pela seleção e graduação do próprio animal na sua escala ascendente, até merecer o equipo cerebral que lhe favoreça atingir o porte humano. Depois de modelar o duplo etérico, ele afina-se e apura-se, elaborando o veículo astral que, depois, serve-lhe para manifestar a própria emotividade.

À medida que desenvolve a sua consciência individual, desprende-se gradualmente do comando instintivo do espírito-grupo que comanda a sua espécie. Nesse trabalho árduo, lento e milenário, a consciência instintiva, pouco a pouco, aprende a usar o órgão mental de transição que, no futuro, lhe dará ensejo para treinar a razão incipiente e assim a constituição do futuro cérebro humano".

Os vegetais possuem duplo etérico, o que lhes permite crescer e ter sensibilidade; os animais possuem e desenvolvem o corpo astral, veículo das emoções e sentimentos; o homem já teve desperto o corpo mental, veículo do pensamento. Cada estágio da centelha de vida lhe permite desenvolver certas capacidades latentes. A nossa diferença dos reinos anteriores é apenas que já passamos por esses graus da escola cósmica.

Como os animais evoluem

Atuando através de um sistema anátomo-fisiológico mais evolvido, é possível à alma instintiva centralizar e memorizar as suas ações e reações no intercâmbio com os fenômenos da matéria, aprendendo a mobilizar a substância mental e despertando um entendimento ainda infantil, mas já de ordem racional e progressiva

À medida que desenvolve a sua consciência individual, desprende-se gradualmente do comando instintivo do espírito-grupo que comanda a sua espécie. Nesse trabalho árduo, lento e milenário, a consciência instintiva, pouco a pouco, aprende a usar o órgão mental de transição que, no futuro, lhe dará ensejo para treinar a razão incipiente e assim (...) a constituição do futuro cérebro humano.

Transferindo-se da espécie animal mais primitiva para a imediata mais evoluída, o psiquismo do animal sensibiliza-se na sua contínua ascese e progressão para alcançar o cérebro do selvagem ou homem da caverna.

Quando atua nas espécies superiores – como o elefante, o cavalo, o cão, o gato, os grandes macacos – a alma animal já está se individualizando e libertando-se do espírito grupo; eis porque esses indivíduos já manifestam emoções e sentimentos particularizados, e começam a ter bruxuleios de pensamento descontínuo.

O que restou em nós da herança animal e que constitui os "pecados"

Em verdade, as energias primárias ou instintivas do mundo animal encontram-se adormecidas na intimidade da própria alma, porque se trata do residual de forças que já lhe serviram quando da estruturação do corpo físico.

Os "pecados", ou seja, as atitudes, os pensamentos ou as emoções de ordem animal despertam essas forças e as excitam, fazendo-as aflorar à superfície do perispírito.

É natural o animal encolerizar-se, ser cruel, astucioso ou ferozmente egoísta para manter a sua sobrevivência física, porquanto isso é instintivo, visto ele não ser ainda dotado de raciocínio. Porém o homem, já consciente de si mesmo na vida cósmica, deve repudiar esses impulsos primários do seu ego, quando ele ainda era um ser ligado ao espírito-grupo coordenador da sua espécie.

E, ao contrário do que estabelece a ética da maioria das religiões, as trangressões ou "pecados" do homem não ofendem a Deus, mas a eles próprios, exclusivamente.

O animal evolui criando e estruturando um ego individual, separado do espírito-grupo: portanto, precisa mobilizar o egoísmo, para sentir-se uma individualidade definida. Precisa sobrepor-se aos demais semelhantes, precisa definir seu próprio território, precisa defender-se dos demais, garantir o "seu" alimento, a "sua" fêmea, o "seu" habitat, e portanto a agressão, a ferocidade e o egocentrismo são, além de legítimos, muito necessários à construção dessa "noção individual de existir"– a lição que as centelhas de vida aprendem no reino animal.

Ao nível humano, lhe são propostas outras lições; a meta evolutiva agora é a desconstrução do egoísmo mobilizado no estágio anterior, animal, como um ferramenta superada, porque o homem já estruturou uma consciência individual plena.

Capítulo 8

Magia de Redenção

1. Feitiço – por quê falar disso?

A vossa mente já deve se encontrar bastante capacitada para tratar de assunto tão importante como o feitiço. O progresso da ciência já vos permite compreender que a maioria das superstições, lendas, práticas de magia e de alquimia incompreensíveis no passado possuem algo de científico.

O desconhecimento ou a descrença do feitiço não vos livra de seus resultados ignóbeis e funestos, ainda praticados por quase toda a humanidade. Porventura, o sigilo feito até hoje sobre ele contribuiu de algum modo para eliminar ou reduzir os males advindos de sua prática malévola? Qual foi o proveito da ciência terrena ignorando propositadamente a bruxaria, por considerá-la lenda ou superstição, quando tal coisa vem sendo praticada há milênios e demonstrando resultados maléficos?

Espíritas descrentes

É estranho que os espíritas, bem mais esclarecidos do que os religiosos dogmáticos e conservadores, ainda se mostrem temerosos de examinar o problema da feitiçaria e conhecer a verdade sobre o seu processo e mecanismo. Jamais poderemos solucionar os problemas espinhosos ou desagradáveis da vida humana copiando a lenda do avestruz que, diante do perigo, enfia a cabeça na areia! A bruxaria é assunto a ser examinado e pesquisado com toda isenção de ânimo, sem qualquer preconceito religioso, científico ou moral decorrentes de convenções e sentimentalismos.

Quanto aos espíritas que opõem dúvidas à realidade do feitiço, só podemos lembrar-lhes o bom senso admirável de Allan Kardec, o qual jamais fugiu de qualquer problema espiritual, mas enfrentou corajosamente o sarcasmo da ciência e a perseguição clerical, a fim de descortinar ao homem obscuro do século XIX a surpreendente realidade do mundo dos espíritos.

Mas afinal, em que consiste o feitiço?

O feitiço é o processo de convocar forças do mundo oculto para catalisar objetos que depois irradiam energias maléficas em direção às pessoas visadas pelos feiticeiros.

Os objetos materiais utilizados para firmar a feitiçaria são apenas os "núcleos" de energia condensada ou congelada, conforme conceituou Einstein sobre a natureza da matéria. Eis porque os feiticeiros não precisam arremessar objetos materiais sobre as vítimas. Eles dinamizam a energia ou o eletronismo na intimidade dos mesmos, produzindo as combinações fluídicas que depois se projetam funestamente através dos endereços vibratórios.

O "endereço vibratório" é o objeto ou coisa que pertencente à vítima, e que o feiticeiro ajusta ao seu trabalho catalisador. Serve de orientação para a carga maléfica, tal qual os policiais fazem o cão de caça cheirar um lenço ou algo do fugitivo do qual estão no encalço. As coisas impregnam-se das emanações dos seus possuidores, e por esse motivo podem servir de "endereço vibratório" para as operações de magia a distância.

Num sentido geral, os objetos de enfeitiçamento funcionam como "acumuladores" e "condensadores" de forças, obedientes à vontade dos feiticeiros. Mas o êxito da bruxaria também depende da cooperação eficiente dos espíritos desencarnados e comparsas do feiticeiro, os quais se encarregam de desmaterializar os objetos em questão, transportando as "matrizes" ou duplos etéricos para serem materializados nos travesseiros, colchões ou locais onde as vítimas permanecem.

Tudo é transferência de energia

No campo do magnetismo curador, os entendidos usam uma série de coisas e objetos eu favorecem a fixação ou condensação de energias imponderáveis. A água, quando fluidificada na terapia espírita, transforma-se em elemento intermediário ou de ligação entre o magnetismo e o doente. Há quem magnetize ou fluidifique garrafas, flores, roupas, alimentos ou frutos com finalidade terapêutica.

Obviamente, o processo de enfeitiçamento também é perfeitamente realizável através de objetos os quais são preparados para imantar e catalisar as energias daninhas.

Os objetos usados e trabalhados pelos feiticeiros desempenham a função de captadores de energias inferiores e servem de condensadores que baixam as vibrações fluídicas do ambiente em que são colocados. Embora sendo matéria, tais objetos vibram no campo etereoastral, porque são também energia condensada.

Defesa psíquica

É o estado de "cristificação" proveniente da vivência incondicional dos ensinamentos evangélicos que realmente desintegra toda e qualquer carga maléfica projetada sobre o homem! Sem dúvida, são tão poucas as pessoas que já usufruem dessa condição superior, que o processo de enfeitiçamento ainda pode produzir efeitos maléficos em quase todas as criaturas.

2. Feitiço mental – i

O pensamento é força

O pensamento é uma vibração da mente; ainda é matéria, embora sutilíssima, e que provoca a ruína de outrem quando lançado sob o impacto tóxico da mente vingativa. É um fenômeno análogo ao da luz, pois se propaga em ondas, as quais vão se enfraquecendo à medida que aumenta a distância que percorrem. Mas o pensamento é muitíssimo superior ao fenômeno da luz, porque é uma vibração de matéria mais quintessenciada.

O que acontece quando pensamos

O homem, ao pensar, imprime impulsos vibratórios no seu corpo mental, resultando simultaneamente a produção de "ondas' e de "formas de pensamento". A vibração do corpo mental então se propaga pela matéria que a rodeia, assim como a vibração da campainha se dissemina pelo ar atmosférico.

A atmosfera e o éter, que interpenetram todas as coisas do macro e do microcosmo, estão impregnados de substância mental proveniente da própria Mente Cósmica, e respondem prontamente a quaisquer impulsos vibratórios da mente humana.

Produção de ondas mentais

Esses impulsos mentais vibratórios produzem uma espécie de ondulação, à semelhança das ondas produzidas pelas pedras lançadas na superfície da água e que se propagam em todas as direções e muitas dimensões, assim como a irradiação da luz do Sol ou de uma lâmpada.

As ondas mentais, que se formam e expandem em todas as direções, são multicores e opalescentes, mas se debilitam à medida que se difundem a maior distância.

É nossa opção: criar uns ou outros

Os pensamentos sublimes e altruístas são de vibração muito rápida e sutil, alimentados por um combustível diáfano,[1] que não deixa resíduos no perispírito. Quando atraídos por outras mentes afins, ativam os sentimentos e emoções superiores.

Os pensamentos malévolos, vingativos, coléricos e odiosos, imantam-se de magnetismo inferior e sobrecarregam-se de fluido mental, astralino e etérico de baixa vibração, agindo eficaz e rapidamente na atmosfera terrena.

A consequência dentro de nós

Enquanto a energia diáfana utilizada pelos bons pensamentos volatiliza-se do perispírito absorvida pelo éter superior, a substância mental e astralina necessária para sustentar e mover os pensamentos daninhos adere fortemente à vestimenta perispiritual, formando escórias que, mais tarde, produzem sofrimento ao serem drenadas para a carne[2] ou desintegradas nos charcos terapêuticos do astral inferior.

3. Feitiço mental – II

Formas de pensamento

O pensamento produz uma série de vibrações no corpo mental, e este então projeta uma porção de si mesmo, e gera-se uma forma de pensamento cuja configuração, radiação, vitalidade,

1 Matéria mental de frequência superior.
2 É como se produzem as doenças.

brilho e colorido perduram tanto quanto seja a força ou convicção de quem a emite.

A forma de pensamento lembra uma entidade vivente, temporária mas dotada de intensa atividade e animada pela ideia que a gerou. É um produto da própria alma, mas nutrida pela essência elemental vivificante e eletrônica do corpo.

Ação das formas de pensamento

Quando maligna, a forma de pensamento move-se implacavelmente para impor-se sobre a pessoa escolhida para vítima e alimenta-se pela força do ódio, inveja, cólera, despeito, ciúme ou vingança. É tão obstinada como a semente lançada no seio da terra, que germina malgrado a sufocação do solo e a ação dos vermes.

Além de sobrecarregada de substância mental-astralina fortemente vitalizada pelo éter físico que se escoa pelo duplo etérico humano, também se impregna da eletricidade e do magnetismo biológico da criatura.

Eletrizando-se no seu curso benéfico ou maléfico, ela atinge o objetivo qual dardo criador ou destrutivo, conforme a intenção e o poder de quem a projeta.

Na aura do planeta

Entre os bilhões de encarnados e desencarnados em intercâmbio incessante através do pensamento à superfície da Terra, a aura do orbe parece o centro de imenso oceano etérico vaporoso e cintilante, alimentado pelas fabulosas energias que transmitem e refletem as formas de pensamento dos homens, lembrando verdadeiros cardumes de peixes fantasiosos, coloridos ou pétreos.

As mais absurdas e inconcebíveis configuração mentais flutuam, atritam-se e se encorpam para projetar-se em várias direções, arrastando inapelavelmente formas semelhantes.

É um turbilhão de ondas mentais propagando-se em todos os sentidos e formas de pensamento entrecruzando-se e buscando pouso incessante na multiplicidade das mentes que compõem a consciência coletiva da humanidade.

Há uma riqueza de cores formosas e fascinantes, que jamais se misturam ou fundem à massa de tons escuros, repulsivos, irascíveis e pegajosos do submundo mental.

Leis que regem a criação das formas

De conformidade com as leis transcendentais que regem o mundo mental, a do pensamento determina-lhe a cor; a do pensamento compõe-lhe a forma; e a do pensamento determina-lhe a configuração exata.

As cores do pensamento são fundamentais e jamais desmentem a sua cromosofia peculiar, isto é, o pensamento de amor ou de paz, de ódio ou de guerra possui sempre a mesma tonalidade colorida. Isso acontece porque a Mente Divina, em qualquer latitude cósmica do Espaço, fundamenta a mesma cor do pensamento e interpenetra todos os interstícios da mente humana.

Assim, em qualquer ponto do Universo, a cor rosa clara e límpida sempre decora os pensamentos de amor puro; o branco prateado fundamenta os sentimentos messiânicos; o azul-celeste identifica a elevada emoção religiosa, enquanto o esforço mental para produzir raciocínios elevados ressalta um formoso matiz amarelo e de ouro chispante.

As formas de pensamento sublimes e benfeitoras são límpidas, translúcidas e formosas, enquanto as alimentadas pelas energias inferiores mostram-se obscuras, pétreas e oleosas.

Cor e forma

A qualidade do pensamento lhe empresta a cor. Um pensamento de amor puro sempre será rosa. Mas a forma será resultante da sua natureza. Ex.: um pensamento de amor amplo e difuso assumirá o formato esférico, enquanto um dirigido a um ser específico, emitido com determinação, tomará o formato de um raio ou estilete rosado, que busca o seu destinatário; e será tanto mais definido em seus contornos quanto mais preciso e forte for o pensamento.

Um pensamento de ódio intenso contra alguém terá a mesma forma de raio ou estilete, mas de cor preta. Um de cólera dirigida a outrem, será um raio vermelho vivo, que busca a aura de sua vítima.

Vide a obra "Formas de Pensamento", de Annie Besant e C.Leadbeater, da Ed. do Conhecimento, que traz profundos e completos esclarecimentos, com imagens coloridas de formas de pensamento diversas.

4. Feitiço verbal

O homem é um espírito ou núcleo espiritual, que centraliza em si todos os tipos de forças imanentes aos diversos planos da vida.

Quando o espírito pensa, ele agita todos os campos de forças que baixaram vibratoriamente até atingir o seu perispírito e o corpo físico; assim, projeta em todas as direções energias benfeitoras ou malévolas, criadoras ou destrutivas, segundo a natureza dos seus pensamentos e sentimentos.

A palavra, portanto, é a manifestação sonora, para o mundo exterior, do sentimento ou pensamento gerado no plano oculto do ser.

A palavra tem força, pois é o veículo de permuta do pensamento dos homens. Consoante a significação, a intensidade e o motivo da palavra, ela se reveste de igual cota de matéria sutilíssima do éter físico, sobre aquilo que ela define.

O enfeitiçamento verbal resulta de palavras de crítica antifraterna, maledicência, calúnia, traição à amizade, intriga, pragas e maldições. A carta anônima e até mesmo a reticência de alguém quando, ao falar, dá azo a desconfiança ou dúvida sobre a conduta alheia, isso é um ato de enfeitiçamento. O seu autor é responsável perante a Lei do Carma e fica sujeito ao "choque de retorno" de sua bruxaria verbal, segundo a extensão do prejuízo que venha a resultar das palavras ou gestos reticenciosos desfavoráveis ao próximo.

Bola de neve

Quando a criatura fala mal de alguém, essa vibração mental atrai e ativa igual cota dessa energia das demais pessoas que a escutam, aumentando o seu feitiço verbal com nova carga malévola. Assim, cresce a responsabilidade do maledicente pelo caráter ofensivo de suas palavras, à medida que elas vão sendo divulgadas e apreciadas por outras mentes, atingindo então a vítima com um impacto mais vigoroso do que o de sua força original. O malefício verbal segue o seu curso, pessoa por pessoa, assim como a bola de neve se encorpa lançada costa abaixo!

A mobilização de forças através do verbo é predominantemente criadora,[3] é uma ação de feitiçaria de consideráveis prejuí-

3 Vide o capítulo "Ante o Serviço" da obra *Nos Domínios da Mediunidade*, de André Luis, em que a praga paterna deu origem à paralisia do braço do filho desnaturado.

zos futuros para o seu próprio autor, pois as palavras despertam ideias e estas produzem a convergência de forças repulsivas que se acasalam à natureza do pensamento e do sentimento tanto de quem fala como de quem ouve.

5. O cabelo humano

O cabelo humano e a eletricidade corporal

Os cabelos, na sua conformação de microscópicos canudos, são vigorosos condutores de eletricidade animal, dotados de carga positiva, isto é, pobres em elétrons. Expelem chispas quando, p.ex., são esfregados com um pente de âmbar, o qual é um corpo carregado de energia negativa, e conhecido em física como um corpo dielétrico. São verdadeiros cabos minúsculos que formam a rede de escoamento eletromagnético do homem.

A eletricidade humana é mais propriamente efeito da ação dinâmica do corpo perispiritual sobre o metabolismo do duplo etérico e combinando-se à intensa atividade energética do éter físico. As substâncias ou elementos que constituem o corpo carnal estão vivamente impregnados de eletricidade, que provém dos núcleos e elétrons de átomos, moléculas, órgãos e sistemas orgânicos. A eletricidade que percorre o corpo humano origina-se do atrito da própria atmosfera absorvida através de inalações de oxigênio pelos poros da pele, catalisando-se na corrente sanguínea pela presença de metais e metalóides organogênicos. São metais que circulam pelo sangue, chamados de eletronegativos ou eletropositivos, conforme a quantidade de elétrons nas órbitas.

Quanto o homem corta violentamente a sua cabeleira, ele provoca uma alteração súbita no seu campo eletromagnético biológico e produz um impacto vigoroso no seu perispírito. Assim que é reduzido o campo escoador de eletricidade biológica, este então procura restabelecer o equilíbrio eletrodinâmico pelo conhecido fenômeno da polarização.

A Lua e sua força magnética. Controle remoto de toda brotação

As leis que disciplinam os fenômenos da vida física, etérica, astralina ou mental, na verdade, derivam de uma só lei imutável e eterna – a Lei Divina da Criação Cósmica!

Em consequência, até no corte do cabelo o homem deve obedecer à regência das leis que regulam o seu crescimento capilar, caso não deseje ficar calvo.

É aconselhável obedecer fielmente à mesma lei que rege desde a germinação, o crescimento, descanso e frutificação das plantas, pois o cabelo, na verdade, é uma planta no crânio do homem. Essa lei é decorrente da extraordinária influência que a Lua exerce sobre a Terra, disciplinando os principais fenômenos da vida terrena, à guisa de gigantesco "controle remoto".

Ela influi na postura dos ovos de aves e na desova dos peixes, na reprodução e acasalamento das espécies, formação dos ninhos, migração dos pássaros, agitação dos vermes intestinais, no desenvolvimento das sementes, enxerto das árvores frutíferas e arbustos florais, no período catamênico da mulher, fluxo sanguíneo, linfático, metabolismo endocrínico, nas vagas e marés dos oceanos e na própria gestação da criança. Em consequência, influi principalmente na poda das plantas e no corte das árvores.

A Lua, de conformidade com as suas fases mensais, anuais e pela sua força magnética, comanda a seiva das plantas. No crescente, a seiva sobe e desenvolve os ramos e as folhas ou flores, hortaliças e arbustos; no minguante, a seiva desce e acumula-se nas raízes, desenvolvendo os tubérculos. Por isso, as cenouras, batatas, os nabos e demais tubérculos podem nascer mirrados quando são semeados "fora da Lua", porque a seiva fica à superfície e só desenvolve os ramos e as folhas. Da mesma forma, as hortaliças como a alface, couve-flor ou tomateiros e pepinos, plantas que se desenvolvem à superfície da terra, ficarão atrofiados e com as raízes superdesenvolvidas, caso sejam semeados na fase lunar desfavorável.

Desse modo, a poda de arbustos, árvores ou espécies florais também deve ser feita com o bom aspecto lunar. Assim também se dá com os homens, que devem cortar o cabelo segundo a fase lunar favorável, a fim de poupar a seiva criadora e evitar o enfraquecimento prematuro e a calvície.

Cortar o cabelo: como os vegetais, segundo a natureza

Cortá-lo rente só no período do inverno, quando a seiva está nos bulbos capilares ou nas raízes, sob o efeito decrescente da Lua. Assim os fios de cabelo estarão ocos e vazios, podendo ser tosados sem o desperdício vital da seiva tão necessária para o novo crescimento. Nesse caso, serão cortados apenas "canudinhos" secos e desnutridos, assim como o jardineiro, na mesma época, poda as árvores e plantas cujos ramos estão vazios da seiva descida e acumulada nas raízes. Em caso contrário, o homem decepa a sua cabeleira nutrida de seiva, e nos mais fracos a calvície acentua-se mês a mês.

Há que distinguir entre "tosquiar" e "aparar" o cabelo; no primeiro caso, é um corte rasante e aconselhável apenas no inverno, tal qual se faz com os arvoredos e plantas. No segundo caso, é apenas um leve desbastamento que não chega a perturbar a força seivosa do cabelo.

Assim como existe a Lua Nova do mês, atuando durante sete dias de modo a descansar a atividade da seiva nas plantas, há também a Lua Nova do ano, que corresponde exatamente aos quatro meses de inverno, em que a seiva repousa nas grandes árvores.

Portanto, segundo a mesma lei sensata da natureza terrícola, influenciada pelas fases lunares, o homem deve cortar raso o seu cabelo no inverno; e só apará-lo durante a Minguante e a Lua Nova do mês. Na Minguante, a seiva começa a descer e o prejuízo é menor; na Lua Nova, ela estabiliza-se num breve repouso nas raízes.

No vosso país, os próprios sertanejos sabem que as árvores para a indústria madeireira devem ser cortadas somente no inverno, porque nesta época os carunchos que vivem na seiva descem para as raízes. Quando são derrubadas fora de época, a seiva que está em ascensão seca e os carunchos perfuram a madeira e saem para fora buscando alimento. Então os sertanejos dizem, pitorescamente, que a madeira bicha quando é cortada fora dos meses sem "r", isto é, em maio, junho, julho e agosto, os quais abrangem o período do inverno.

Para o bem e para o mal

Em virtude de os cabelos serem verdadeiros cabos minúsculos que formam a rede de escoamento eletromagnético do homem, eles fornecem o melhor "extratus magneticus" de que o feiticeiro precisa para formar o vínculo etérico-astralino da vítima com os objetos a serem enfeitiçados. Facilitam o ajuste ou a sintonia de fluídos para impregnar os objetos preparados com a função de "acumuladores" de forças primárias sustentadoras das operações de magia negra contra o seu próprio dono. Posteriormente, o feiticeiro fará a projeção fluídica enfeitiçante, provocando o abaixamento vibratório na aura da vítima.

No entanto, o mesmo cabelo também serve de "testemunho" louvável para os bons radiestesistas efetuarem diagnósticos a distância e selecionarem medicamentos psicofísicos para os enfermos. O seu campo eletrobiológico sensibilíssimo, tão nefastamente desvirtuado no processo de enfeitiçamento malévolo, expõe ao exame de radiestesia a síntese do metabolismo humano, orientando a pesquisa da medicação adequada.

6. A matéria é que é "anormal"

Todas as coisas e seres criados por Deus são centros de energia condensada e comprimida, conforme aventou Einstein. Porém essa energia condensada no nível material é um estado "antinatural", pois ela forceja continuamente por retornar ao seu plano original de energia livre onde, realmente, se manifesta em sua plenitude integral.

Desse modo, o mundo exterior ou físico desmaterializa-se, segundo por segundo, ante a fuga incessante dessa energia, inerente à aura de cada objeto, planta, ave, animal ou homem, variando apenas quanto ao prazo de sua liberação. Há minerais (radioativos) como o radium, que extingue-se mais cedo no cenário físico; decorrido certo tempo, ele será apenas energia desintegrada, mas continua a existir no seu verdadeiro reino oculto do Cosmo.

A matéria: prisão da energia

A matéria, figuradamente, é uma coisa "anormal"; todas as formas do mundo palpitam em alta tensão, pois não passam de prisões transitórias da energia, a qual se esforça incessantemente para retornar ao seu plano de origem. O conteúdo íntimo de qualquer objeto, forma ou ser, no mundo físico, vibra numa reação rebelde e constante para fugir da sua condição incômoda e anormal de matéria! É um esforço expansivo incessante para regresso à sua autenticidade energética.

Por isso, os hindus aconselham o homem a libertar-se de "Maya", a grande ilusão representada pelo mundo material, efêmero e instável, onde os mais atraentes aspectos e fascinantes prazeres não passam de formas transitórias a caminho da dissolução em energia!

A desintegração atômica é somente a libertação prematura da energia prisioneira da "condição matéria"; isto é, graças à intervenção violenta da ciência humana no campo de força nuclear, é feito de modo apressado aquilo que seria feito "a longo prazo".

A configuração exterior do Cosmo é apenas energia comprimida, a qual escapa ou sublima-se sem descanso, para retornar à sua fonte real.

Disso resulta a aura esferoide ou ovalada que se irradia de tudo, ultrapassando o espaço ocupado pelas coisas e seres vivos.

7. As verdades que é preciso encarar

O matadouro abastece os vampiros do além – e depois...

As quantidades de animais e aves sacrificados nos sombrios desvãos das encruzilhadas ou candomblés oferecem diminuta quota de sangue e alimento vital para satisfazer os espíritos vampiros. No entanto, a própria humanidade depois se encarrega de suprir essa deficiência de sangue e tônus vital para os vampiros do mundo oculto, através do horripilante e macabro trucidamento de bois, carneiros, suínos, vitelas, cabritos, coelhos, galinhas e gansos de fígado hipertrofiado, cujo sangue inocente é vertido pelos pisos dos matadouros e frigoríficos! Os vampiros do Além, então, aproveitam-se dessas matanças para sugarem do sangue dos animais e das aves sacrificados as quotas de vitalidade de que precisam para a sua nutrição subvertida. Portanto, os encarnados fornecem a matéria sangrenta para sustentar o vampirismo, e depois funcionam estupidamente como médiuns ou repastos vivos "dopados" pelo tônus vital vampirizado, satisfazendo a glutonice, perversão sexual, o alcoolismo e outros vícios dos próprios vampiros!

Quantas tragédias, angústias e sofrimentos que há séculos afligem a humanidade, são resgates cármicos provenientes da culpa espiritual de verter o sangue do irmão menor, a serviço do vampirismo da Terra e do Espaço!

Vai se chocar com isso?

Comumente, os homens só se perturbam ante as coisas que lhes trazem prejuízos ou incômodos imediatos. As mesmas criaturas que se horripilam ante a bruxaria feita através do sapo, impressionam-se com um bife sangrento à porta do cemitério, ou apavoram-se pelo vampirismo dos espíritos desencarnados, no entanto, jamais se chocam ante o trucidamento dos animais nos matadouros e nas charqueadas, porque a carne deles ainda lhes serve de excelente repasto físico.

Os homens são fornecedores da sustância vital através do trucidamento de bois, carneiros, suínos, vitelas, cabritos, coelhos, galinhas e gansos, cujo sangue inocente é vertido no piso de matadouros e frigoríficos. E depois, sucumbem aos processos de obsessões, vampirismo e vingança dos magos das sombras, alimentados por essa energia vital.

Triste vampirismo "civilizado"

Os vampiros das lendas medievais saíam à meia-noite para sugar um pouco de sangue e reviver algumas horas. Mas os vampiros "civilizados" vão a extremos excêntricos, pois batem o sangue do animal para o "chouriço da moda", preparam retalhos do estômago do boi para a "dobradinha", selecionam a carne mais tenra para o bife de filé "mignon", ou fervem as orelhas, pés e costelas de porco no charco nauseante da feijoada completa! Homens considerados por atos meritórios, diplomados após severos cursos acadêmicos, integrantes do magistério público ou da alta magistratura, sacerdotes católicos, pastores protestantes, adeptos espíritas, filhos da umbanda e livres-pensadores roem pés de porco com salada de repolho, lambuzam os dedos com a gordura das costelas de boi ou condimentam a linguiça no espeto, espantando os próprios vampiros que se contentam com o sangue puro!

André Luis revela exatamente o mesmo

Na obra *Missionários da Luz,* André Luis, no capítulo "No Matadouro":

> Diante do local em que se processava a matança dos bovinos, percebi um quadro estarrecedor: grande número de desencarnados, em lastimáveis condições, atiravam-se aos borbotões de sangue vivo... Alexandre esclareceu com serenidade:
>
> – Estes infelizes estão sugando as forças do plasma sanguíneo dos animais. São famintos que causam piedade.
>
> Por que tamanha sensação de pavor, meu amigo? Não visitávamos nós ambos, na Crosta, os açougues? Acercam-se os desencarnados, tão inferiores quanto já o fomos,

dos animais mortos, cujo sangue lhes oferece elementos vitais.

E no capítulo "Vampirismo" da mesma obra, o mentor esclarece que sim, existem em quantidade entidades vampirizadoras no Astral. André Luis se choca:

> – Meu Deus! – exclamei, sob forte espanto.
> – Por que tamanha estranheza? – perguntou o Orientador. – E nós, quando na esfera da carne? Nossas mesas não se mantinham às custas das vísceras dos touros e das aves? A pretexto de recursos proteicos, exterminávamos frangos e carneiros, leitões e cabritos incontáveis...
> – Contudo, a ideia de que muita gente na Terra vive à mercê de vampiros invisíveis é inquietante. E a proteção das entidades angélicas?
> – André, meu caro, devemos afirmar a verdade, embora contra nós mesmos. Fomos bons para os seres inferiores? Eles nos encarnam como verdugos cruéis. Se não protegemos nem educamos aqueles que o Pai nos confiou, se abusamos largamente de sua incapacidade de defesa, como exigir o amparo dos superiores? Se temos sido vampiros insaciáveis dos seres frágeis, não é demais que venha a maioria das criaturas a cair no vampirismo das entidades do invisível.

Capítulo 9

Fisiologia da Alma

1. É urgente a transformação

Expomo-vos aquilo que deve ser meditado e avaliado com urgência, porque os tempos são chegados e não há subversão no mecanismo sideral – Ramatís

Já tendes provas irrecusáveis de que podeis viver e gozar de ótima saúde sem recorrer à alimentação carnívora.

Quanto ao condicionamento biológico, pelo hábito de comerdes carne, deveis compreender que o orgulho, a vaidade, a hipocrisia ou a crueldade também são estigmas que se forjaram através do séculos, mas tereis que eliminá-los definitivamente de vosso psiquismo.

Já ultrapassais os prazos espirituais demarcados para a continuidade suportável dessa alimentação mórbida e cruel.

O estado psicofísico do homem atual exige urgente aprimoramento no gênero de alimentação.

O vosso sistema de nutrição é um desvio psíquico, uma perversão do gosto e do olfato; aproximai-vos consideravelmente do bruto, nessa atitude de sugar tutanos de ossos e de ingerir vísceras na feição de saborosas iguarias.

Do mesmo modo que a nutrição canibalesca vos causa espanto e horror, também a vossa mórbida alimentação de vísceras e vitualhas sangrentas causa terrível impressão de asco às humanidades dos mundos superiores, que se arrepiam em face das descrições dos vossos matadouros, charqueadas, açougues e frigoríficos enodoados com o sangue dos animais e a visão patética de seus cadáveres esquartejados.

A substância astral, inferior, que exsuda a carne do animal, penetra na aura dos seres humanos e lhes adensa a transparência natural, impedindo os altos vôos do espírito.

Assados e cozidos, na realidade, não passam de rebotalhos de cadáveres que vos devem inspirar náuseas e aversão digestivas.

Enquanto o homem mantiver no ventre um cemitério, há de ser sempre um escravo preso à roda das reencarnações retificadoras, até acertar as suas contas cármicas com a espécie animal.

Os corações integralmente bondosos e piedosos não só evitam matar o animal ou ave, como ainda não têm coragem para devorar-lhes as entranhas sob os temperos de cebola, sal e pimenta...O que não mata por piedade ou receio de remorso, mas devora gostosamente a carne do animal ou ave trucidados por outros, age manhosamente perante Deus e a sua consciência.

São cooperadores da instituição fúnebre dos matadouros e do trucidamento injusto daqueles que Deus criou pra a ascensão espiritual.

Em virtude de no terceiro milênio não deverem existir mais as instituições que se mantém à custa da indústria da morte, elas deverão desaparecer pouco a pouco, tanto por motivos de ordem econômica, epidêmica ou acidental, como pelo repúdio humano.

O devorador de animais, por mais evangelizado que seja, ainda é um perturbador da ordem espiritual na matéria. Justifique-se como quiser, mas a persistência em nutrir-se com despojos animais prova que não se adaptou ainda, de modo completo, aos verdadeiros objetivos do Criador.

Se não encontrar eco em vossos espíritos tudo quanto vimos solicitando, pelo menos tende piedade do animal inocente, que é vosso irmão menor perante Deus!

O mineral dorme, o vegetal sonha, o animal sente, o homem desperta e o anjo vive.

2. A origem oculta das moléstias

(A drenagem das toxinas psíquicas da alma)

O espírito encarnado pensa pelo mental, sente pelo astral e age pelo físico e, assim, carreia até a periferia do seu corpo toda a carga mental e emotiva que se origina na sua profundidade espiritual, produzindo as várias modificações de fundo nesse trajeto do mundo oculto para o objetivo.

Toda ação, para se concretizar, precisa de alguma forma de energia, seja o levantar de um braço, a transmissão de um impulso nervoso etc, no corpo físico; ou a ação astral que consiste em criarmos sentimentos e emoções, no corpo astral, acompanhada da ação mental que consiste em pensamentos, gerados no corpo mental. No corpo físico gastamos energia física, dos alimentos ingeridos; nos corpos astral e mental, utilizamos energia própria desses planos, que produz efeitos internos neles, de acordo com a frequência vibratória dessa energia utilizada, seja a mais refinada ou a mais grosseira.

Ramatís nos elucida o processo técnico de origem das enfermidades no corpo físico, que não é uma "cobrança cármica decretada pela contabilidade divina" através de alguma tabela, mas decorrência de uma produção energética da própria alma:

A produção dos fluidos tóxicos

Em suas encarnações, os espíritos produzem e incorporam em suas vestes perispirituais fluidos tóxicos que são frutos de suas desarmonias mentais e emotivas, os quais posteriormente precisam ser expurgados a fim de não impedirem sua ascensão.

O corpo carnal, durante a materialização de suas sensações fortemente animais, exige que a mente empregue o combustível energético adequado, na mesma frequência vibratória inferior. Os resíduos desse combustível astralino que são produtos energéticos das faixas vibratórias muito baixas onde a mente precisa atuar, agregam-se e condensam-se depois no tecido delicado do perispírito, reduzindo-lhe o padrão magnético. Com o tempo, tendem a petrificar-se e impedir as relações normais do espírito com o meio ambiente. Então devem ser desagregados para que a luz da intimidade da alma possa fluir, asseando a delicada vestimenta perispiritual.

A Lei cármica se encarrega de proceder à limpeza do perispírito contaminado pelos venenos psíquicos. O corpo físico, então, como se fora um alambique encarregado de drenar esses resíduos perniciosos da vestimenta perispiritual para o seio da terra, provoca na alma, em sua operação de expurgo, a sensação de dor e sofrimento. Trata-se de "toxinas" que lesam e massacram a carne durante a sua expurgação para o mundo exterior.

A limpeza do perispírito

A *túnica nupcial*, que a alma deve envergar para tomar parte no banquete do Rei, citado na parábola de Jesus, em verdade significa o resultado da lavagem dolorosa do perispírito no tanque das lágrimas purificadoras do mundo carnal, de onde ele sai com as vestes limpas.

Assim como o calor vaporiza as gorduras ou o fogo apura a fusão do ferro para a têmpera do aço, a dor é como a energia que aquece a intimidade do espírito e o ajuda a volatizar as aderências ruinosas do seu perispírito. É concentração de forças que desintegram as toxinas psiquicas no seio da alma, e que transferem-se para a carne, até que a morte do corpo, depois, as deposite na terra do cemitério através da decomposição.

Doentes, e não doenças

O homem é o produto do seu pensamento e se converte naquilo que pensa.

A saúde e a enfermidade são o produto da harmonização ou desarmonização do indivíduo para com as leis espirituais. As moléstias, portanto, em sua manifestação orgânica, identificam que no mundo psíquico a alma está enferma!

O volume de cólera, inveja, luxúria, cobiça, ciúme, ódio ou hipocrisia que porventura o espírito tenha imprudentemente acumulado no presente ou nas existências anteriores forma uma carga insidiosa e tóxica que, em obediência à lei da harmonia espiritual, deve ser expurgada da delicada intimidade do perispírito, se difundindo depois pelo seu corpo físico.

Durante o período gestativo da nova encarnação, esses resíduos psíquicos venenosos vão se condensando gradativamente no corpo físico e, por fim, lesam as regiões orgânicas mais vulneráveis. Esse processo de o espírito drenar o seu psiquismo doentio através da carne humana, a medicina estuda e classifica sob grave terminologia, preocupando-se mais com as "doenças" em lugar de se preocupar mais com os "doentes".

Embora a ciência médica classifique essa drenação sob a designação de lepra, pênfigo, sífilis, tuberculose, nefrite, cirrose ou câncer, trata-se sempre de um espírito doente a despejar na carne a sua carga residual psíquica e deletéria, que acumulou no passado, assim como pode tê-la acumulado no presente.

A doença física é a liberação final

Quando ocorre a sua materialização física, enfermando a carne, alterando os tecidos, deformando órgãos e perturbando os sistemas, é porque o morbo psíquico atingiu o seu final, depois de longa caminhada oculta, para atingir a periferia da matéria e nesta se acumular. É que o espírito, através de vigoroso esforço, termina focalizando os resíduos num local orgânico, na tentativa de sua eliminação.

Por isso, não é no momento exato que o indivíduo acusa os sintomas materiais da doença que realmente ele fica doente; há muito tempo ele já vivia mental e psiquicamente enfermo, embora o seu mundo exterior ainda não houvesse tomado conhecimento.

O genial fundamento da homeopatia

Samuel Hahnemann, o criador da homeopatia, postulou que tanto a saúde como a doença vêm "de cima para baixo" e "de dentro para fora".

Considerou que tanto a enfermidade quanto a saúde têm a sua origem primacial na mente, nas emoções, nos sentimentos e em todas as sensações da criatura, como um todo vivo. A seu ver, as manifestações físicas são a parte mais grosseira ou mais densa do corpo humano. Daí, pois, haver consagrado a lei de que tanto a saúde como a doença vêm de dentro para fora e de cima para baixo, ou seja, da alma para o corpo, com sua germinação no alto, que é a mente e o sentimento da criatura humana.

Essa conceituação, demasiadamente corajosa para o século XVIII, despertou muito sorriso irônico e sarcasmo tolo contra o gênio da homeopatia. No entanto, a escola psicológica moderna já comprova a justeza dos conceitos hahnemannianos. Atualmente, a medicina já não opõe dúvida ao fato de que as perturbações mentais, emotivas e sentimentais também alteram profundamente o cosmo orgânico.

Através da mente, circulam "de cima para baixo" os pensamentos de ódio, de inveja, sarcasmo, ciúme, vaidade, orgulho ou crueldade, incorporando-se em sua passagem com as emoções de choro, medo, alegria ou tristeza, perturbando a solidariedade celular do organismo físico. Assim, todas as partes do ser humano não afetadas pelo influência da mente, a qual atua fortemente através dos vários sistemas orgânicos.

Em consequência, devido à sua penetração infinitesimal, é a homeopatia a terapêutica mais acertada e capaz de operar na raiz das emoções e dos pensamentos perturbadores, modificando os efeitos enfermos que depois se manifestam na organização carnal.

3. Os fundamentos da homeopatia

A medicina homeopática é profundamente energética, e as suas drogas dinamizadas produzem resultado terapêuticos decisivos. Trata-se de uma terapia definitiva, que atua através do potencial de energias livres, interpenetrando o próprio períspirito do homem e, assim, procedendo a modificações "de dentro para fora", com uma atuação que se processa desde a esfera mental até a periferia do corpo físico.

Em verdade, o homem físico é apenas um agregado de forças condensadas no mundo físico, cuja materialização tem início no ventre materno. Mas a verdadeira morada do homem-espírito continua a ser aquele mundo oculto da energia livre, onde ele permanece interpenetrado pelas forças de todos os planos de vida. Em consequência, só terão êxito definitivo os medicamentos que forem dirigidos para o mesmo campo de forças donde o homem se originou. E isso só é possível pelo remédio homeopático, porque ele é fundamentalmente energia e não massa; é mais dinâmica e menos letargia; mais operante e menos estático.

A energia das doses homeopáticas é força emanada da própria alma vital da espécie vegetal, mineral ou animal. Essa energia ultrapassa o campo comum da substância material, para agir mais prontamente no seu verdadeiro "habitat", que é a energia livre do Universo, e possui as características da substância vegetal, mineral ou animal na qual vivia na condição de "energia condensada", como é a matéria. Depois de liberta e potencializada nas doses homeopáticas, então funciona no organismo humano como um catalisador, uma espécie de fermento etérico, que desperta as energias latentes, acelera os campos eletrônicos e produz várias reações.

O que é a dinamização homeopática

(Processo de preparação do medicamento homeopático)

É um processo pelo qual a energia dinâmica que existe na intimidade da matéria, proveniente de todos os reinos, é liberada e potencializada.

Na realidade, dinamizar é radioativar, ou seja, acelerar a fuga da energia condensada na substância, e assim se potencializa, centuplicando as suas emissões energéticas. A substância material, ou propriamente energia condensada, quando é desintegrada e potencializada pelo processo homeopático, transforma-se em energia livre que, ingerida pelo enfermo, se transforma num poderoso catalisador e ativa as reações das energias latentes no corpo físico. A dose homeopática, que é a própria substância transformada em energia livre, pode atingir profundidades inacessíveis à medicação alopática.

Diz a própria ciência terrena que a matéria e a energia são apenas diferentes modalidades vibratórias da mesma coisa. O perispírito, que é o molde fundamental preexistente do homem, aglutina a energia livre em torno de si e a faz baixar em direção à vida material a fim de sustentar o corpo de carne que é o seu exato prolongamento físico.

É por isso que a alta dinamização homeopática provoca extraordinárias modificações no todo energético do perispírito, pois sendo energia livre consegue atuar com eficiência na sua estrutura e através do fenômeno da repercussão vibratória, em favor do equilíbrio orgânico.

A conquista da radioatividade e da energia atômica pode comprovar o poder assombroso do mundo infinitesimal, e a realidade poderosa do mundo da energia oculta aos sentidos físicos. O arrasamento de Hiroshima se deve unicamente à liberação da energia atômica contida numa esfera do tamanho de uma bola de pingue-pongue. Em consequência, a energia infinitesimal que dormita no seio de uma gota homeopática também pode desatar o poderoso campo de forças que comanda o cosmo orgânico do homem!

O efeito da alta dinamização homeopática no corpo físico poderia igualar-se a um vigoroso passe magnético de energia potencializada e de ação contínua. Na realidade, a dinamização homeopática potencializa a própria alma vital da substância, e não violenta o organismo, mas o ajuda sabiamente a conseguir com suas próprias forças o equilíbrio e a saúde.

O doente como um todo

Os médicos homeopatas experimentados só preceituam suas doses depois de focalizarem o quadro psíquico do seu paciente, porque se preocupam mais com os doentes do que mesmo com as doenças ou sintomas isolados.

A produção mental, os sentimentos, a emotividade e o arcabouço físico do enfermo são examinados pelo homeopata, em lugar apenas dos sintomas. Como se fora um engenheiro hábil, o médico homeopata, antes de se preocupar com a brecha em uma parede fendida, cuida de perquirir a natureza do terreno, que é o verdadeiro responsável pela causa do defeito.

Sob tal conceito lógico e sensato, foi que Samuel Hahnemann considerou que a saúde, tanto quanto a doença, vêm "de dentro para fora" e "de cima para baixo", regra que é um dos alicerces fundamentais da prática homeopática.

Não existem doenças, mas doentes

Até agora não caiu de moda nenhum dos medicamentos preceituados pelos velhos homeopatas, enquanto a medicina alopática vive sempre em desesperada luta a fim de prescrever a cada moléstia o medicamento apropriado, escolhido entre os milhares de produtos farmacêuticos que surgem diariamente. Enquanto os homeopatas continuam com a mesma reserva medicamentosa secular, na esfera da alopatia processa-se atribulada competição comercial entre os laboratórios, com o fito de incentivar a versatilidade da moda terapêutica.

Nenhum medicamento elaborado pela antiga técnica homeopática jamais caiu em desuso, pois aqueles que Hahnemann e seus seguidores hão descoberto ainda permanecem e fundamentam o precioso tratamento homeopático, de acordo com o que Hahnemann afirmou, de que "não existem doenças, mas doentes"!

Para nós, desencarnados, interessa-nos destacar particularmente os métodos que permitem operar mais profundamente no psiquismo, onde em verdade se encontra a sede real de toda enfermidade. É por isso que somos inclinados a destacar o valor da homeopatia, quer quanto à sua ação no todo psicofísico do ser, quer por intervir com mais eficiência na sua esfera mental e emotiva.

4. A ação invisível da homeopatia

Na aura humana

Quando o paciente ingere uma dose de "alta dinamização" com a qual o médico homeopata haja acertado com êxito a medicação, a sua "aura vital" (do duplo etérico) reveste-se de brilhante nuvem radioativa que a envolve intensamente, embora invisível aos encarnados. As energias que se libertam pela ação catalisadora de alta dose homeopática rodeiam a criatura até a distância de três a quatro polegadas, em todos os sentidos de sua aura vital, formando um irradiante ovo em tom metálico, bem esbranquiçado e que se assemelha bastante à miniatura do impacto de uma bomba atômica. Sobre o ápice da "aura vital" se percebe a princípio a figura do sugestivo cogumelo atômico, embora apenas na forma de uma radiação transparente, que flutua e se expande diretamente do veículo aquoso da dose homeopática ingerida. Assim que os chacras do duplo-etérico captam essa energia livre e potencializada e a vão absorvendo pelos seus vórtices irisados, produz-se um abaixamento vibratório do energismo desperto em combinação com o medicamento homeopático, fazendo-se a necessária condensação para a intimidade do corpo físico.

A descida das energias

A energia que foi potencializada e se liberta da "alta dose" homeopática tende a se concentrar mais rapidamente na região áurica do crânio, convergindo vigorosamente para a região cérebro-espinhal e se disseminando, pouco a pouco, pelas zonas dos plexos nervosos braquial, cervical e dorsal para, em seguida, atingir o plexo solar na região abdominal.

Sob a influência dessa carga energética poderosa, o sistema nervoso põe-se ativamente a funcionar e restabelece o metabolismo do sistema endocrínico debilitado, operando gradativamente no levantamento e no equilíbrio de todas as funções orgânicas perturbadas.

A glândula hipófise, que é a regente orquestral do cosmo orgânico do homem, renova-se então, conjugada com a epífise (pineal), constituindo-se no elo da esfera mental e psíquica, e carreando para o corpo físico todas as energias disponíveis proporcionadas pelo despertamento energético da dose homeopática.

O maravilhoso potencial de força que é o perispírito, o grande responsável pelo equilíbrio do organismo carnal, acelera a sua produção energética, assim que recebe o reforço dinâmico da alta dinamização homeopática.

Sob esse socorro dinâmico é possível, então efetuar-se todas as correções necessárias e atender com urgência a todas as solicitações destinadas a manter a harmonia e a saúde.

5. O processo oculto do câncer

A causa remota

O corpo físico é o prolongamento do perispírito atuando na matéria; podeis compará-lo a um vasto mata-borrão capaz de absorver o conteúdo tóxico produzido durante os desequilíbrios mentais e emotivos da alma. Qualquer desarmonia do corpo carnal deve, por isso, ser examinada tendo em vista o todo do indivíduo.

Em consequência, o câncer é proveniente da toxidade fluídica que ainda circula no perispírito e foi acumulada pelos desatinos mentais e emocionais das várias encarnações pretéritas. A causa remota patológica do câncer deve ser procurada no campo original do espírito e na base de suas atividades mentais e emotivas.

O campo mental produz toxinas específicas mentais, que repercutem pelo corpo astral; então processa-se o abaixamento vibratório do conteúdo tóxico psíquico, fluindo para a carne e que depois se situa em qualquer órgão ou sistema.

O espírito é o comandante exclusivo e o responsável pela harmonia e funcionamento de todo o cosmo de células de seu corpo de carne, o qual não tem vida a parte da vontade do seu dono. Ele é o verdadeiro responsável pelo equilíbrio eletrônico da rede atômica. A saúde, pois, assim como a doença, vem "de dentro para fora" e "de cima para baixo", conforme já definiram os homeopatas.

A energia elemental subvertida

No câncer se identifica um bacilo psíquico, só identificável, por enquanto, no mundo astral, e que se nutre morbidamente da energia subvertida de um dos próprios elementais primários criadores da vida física.

Essa energia elemental primitiva e base da coesão das células do mundo material, torna-se virulenta e inverte os polos de sua ação criadora para destruidora, pela intervenção violenta, desarmônica e deletéria da mente e da emoção humanas. Esse elemental primário oculto é um dos alicerces sustentadores do edifício atômico das formas do mundo físico. Se o desviam da ação criadora, se transforma numa energia prejudicial, uma força nociva e destruidora.

Exemplo

A eletricidade é uma energia pacífica no mundo oculto e integrante de toda a vida planetária, e só se manifesta depois de excitada, pois encontra-se em estado latente no seu mundo natural, na forma de um elemental primário. Assim que a irritam, baixa em sua vibração normal e passa a agir vigorosamente na superfície material.

Analogamente, podeis avaliar a existência de um elemental primitivo ou energia primária oculta em todas as coisas e seres vivos, que as sustenta no processo de coesão e substituição das células. Assim como a eletricidade se produz pela fricção que irrita o seu elemental primário oculto, o câncer se manifesta pela irritação que altera o curso normal do elemental responsável pela coesão das células da matéria.

Esse elemental, que tanto faz parte do perispírito como do organismo físico, reage conforme a disposição mental e emotiva do homem. Quando o homem pensa, emite ondas cerebrais elotrodinâmicas, que afetam o campo de suas energias ocultas, e quando se emociona pode alterar a frequência vibratória do seu sistema eletrônico de sustentação atômica.

É natural, pois, que um elemental cancerígeno venha se irritando em sua intimidade há decênios, séculos e até milênios, pelas vibrações dos pensamentos desregrados e das emoções violentas, e sua carga nociva, atingida a fase de saturação, deve convergir para a carne!

É bastante uma singela contusão mal cuidada, estenose, enfermidade num órgão debilitado, irritação por agentes químicos, abuso do fumo, do álcool, da carne, dos narcóticos ou sedativos a granel, intoxicação medicamentosa ou excrescência parasitária, para se iniciar a vertência do morbo fluídico para a carne. Poucos médicos sabem que algumas vezes é bastante um estado de irascibilidade, ódio, violenta mágoa ou insidiosa melancolia para dar início à drenação tóxica e à incidência cancerígena, como acionada por forte detonador psíquico.

Raízes cármicas do câncer

Certos tipos de câncer, que se prolongam por várias encarnações do mesmo espírito, são resultantes da magia negra, do enfeitiçamento ou da hipnose para fins lucrativos, egoístas, lúbricos ou de vingança que alguns espíritos têm praticado desde os tempos da extinta civilização atlante. Para isso, esses espíritos dominavam e manipulavam uma energia do astral inferior que deveria servir de veículo para suas operações.

Esse elemento terminou incorporando-se ao perispirito dos seus agentes, um fluído tóxico que, ao ser expurgado, dá ensejo à formação de neoplasmas malignos ou à leucemia, cumprindo-se o carma do ódio, da vingança, da crueldade e outras ações contra o próximo.

Certos tipos de câncer são propriamente resultantes da magia negra; no entanto, outra parte da humanidade sofre o expurgo de fluidos que acumulou não como resultado "direto" da magia negra, mas por todos os pensamentos danosos e sentimentos maldosos contra o semelhante. O câncer, em sua essência mórbida, poderia ser denominado "o carma do prejuízo ao semelhante". Alguns movimentaram os recursos da magia negra, outros vêm armazenando energias perniciosas devido à prática da maledicência, da calúnia, crítica maldosa, desejos de vingança, inveja, ciúme ou ingratidão.

O largo espectro do feitiço

O feitiço, na realidade, abrange todo prejuízo que parte de qualquer ação humana. Assim, pois, há o feitiço mental, que se pratica pelo ciúme, inveja ou despeito pela felicidade alheia; o feitiço verbal, criado pela crítica antifraterna, pela calúnia, maledicência, falso julgamento ou traição à amizade; e o feitiço propriamente de natureza física, que é a chamada "bruxaria" ou magia negra, através de objetos preparados que funcionam como interceptadores dos fluidos vitais e magnéticos das vítimas.

O câncer, como carma do prejuízo ao semelhante, reúne sob suas garras temíveis tanto aqueles que operam diretamente na forma de agentes de magia maléfica, os seus contratantes ou mandatários intelectuais, assim como todos os espíritos que nas encarnações passadas foram acumulando toxinas pela subversão do elemental primário no uso do enfeitiçamento mental ou verbal.

Certos espíritos ainda possuem resíduos mórbidos cancerígenos remanescentes da magia negra do final da civilização atlante, e por esse motivo ainda darão curso ao câncer em outras encarnações futuras, a fim de poderem expurgar todo o conteúdo tóxico. Outros foram acumulando a energia cancerosa lentamente, através de decênios ou séculos, sob a ação do feitiço mais mental ou verbal, sem o estigma virulento que se produz na prática da bruxaria.

6. O retorno do câncer

Não desconhecemos os esforços heroicos e a firmeza de ideal de médicos e cientistas que se devotam abnegadamente à cura de cancerosos. Entretanto, à medida que o homem for compreendendo a verdadeira função da dor e do sofrimento como processo de limpeza psíquica da vestimenta perispiritual, é certo que as pesquisas e preocupações se voltarão mais atentamente para a causa mórbida milenária e enraizada no espírito.

No instante em que o laboratório anuncia a formação cancerígena no homem, o médico pode identificá-lo com firmeza. Mas a verdade é que, subrepticiamente, o câncer já vinha se desenvolvendo havia meses ou anos na intimidade do paciente. A carga cancerosa, quando drena-se pela pele, órgãos, sistemas ou medula óssea, apenas comprova ter alcançado o organismo físico, pois há muito tempo já incursionava na intimidade perispiritual do indivíduo, incorporando-se nele durante os seus desatinos mentais e emotivos.

Pausa, nem sempre extinção

A pausa ou simples interrupção da "descida" da energia corrosiva, que se expurga do perispírito intoxicado para a carne, não comprova que se extinguiu completamente a causa oculta enfermiça residente no espírito.

Qualquer resíduo mórbido que ainda permaneça no perispírito terá que ser drenado, expelido ou absorvido posteriormente pela terra, não existindo outro recurso que fluí-lo para o mataborrão vivo do corpo físico.

O represamento do câncer através dos recursos científicos termina por espraiá-lo na forma de novos surtos patogênicos futuros. Os médicos só têm podido lutar heroicamente para reprimir e curar os efeitos lesivos que se materializam na "descida" do fluído enfermo do períspirito do homem. Mas, infelizmente, o conteúdo tóxico milenário, ao ser reprimido, muda de rota ou então subdivide-se em outros estados enfermos.

Não nos cabe censurar os processos químicos, cirúrgicos ou a radioterapia no tratamento do câncer, porquanto se trata de recursos que ainda muito se afinizam às necessidades de retificação cármica dos terrícolas. Assim que a humanidade houver expurgado da contextura delicada do períspirito as toxinas astralinas que ali aderiram devido aos desregramentos psíquicos, a terapêutica do câncer será exercida de modo mais suave e com maior êxito.

Já vos dissemos que, se não fora o médico ajudando o encarnado a drenar seus tóxicos de modo suportável, pois o atende e alivia, de há muito tempo o vosso mundo seria apenas um aglomerado de seres alucinados!

Entretanto, as doenças podem ser mudadas, substituídas ou aparentemente eliminadas, sem que por isso a energia psíquica mórbida que as alimenta tenha sido eliminada ou sequer modificada em sua essência molesta. A verdade é que só pode ocorrer a virulência na carne do homem enquanto ainda existirem resíduos mórbidos no seu períspirito.

O retorno

O câncer pode contagiar o mesmo hospedeiro que já o manifestara anteriormente. No entanto isso só se efetua quando continua a alimentação mórbida oculta no períspirito. É o próprio indivíduo (que ainda se encontra contaminado astralmente) que nutre o terreno mórbido para novo surto de câncer. Na verdade, é o mesmo agente oculto, ou elemental primário subvertido, causador da primeira tumefação, que, atuante no mundo astral, desce do períspirito e, através do duplo etérico, converge para a carne e provoca a recidiva assim que se lhe oferece nova oportunidade.

Quando o cirurgião opera, apenas elimina o "ponto de apoio" físico em que se firmava o "miasma" invisível e responsável pela desarmonia na base coesiva das células, porquanto é lógico que os ferros cirúrgicos não podem exterminar o processo mórbido do períspirito. A extirpação de qualquer órgão ou membro canceroso apenas retarda o fluxo da purgação ou o suspende até ocorrer nova metástase na vida atual ou em outra encarnação.

A quantidade de veneno ainda latente no períspirito aguarda somente novo ensejo favorável a fim de escoar-se outra vez para o corpo físico, cabendo a outro órgão próximo a sina cancerígena e o armazenamento do veneno restante em descenso.

O câncer só estaciona ou se extingue quando haja se esgotado totalmente para o corpo físico o conteúdo tóxico astralino ou volatizado do períspirito por força mental de alto nível espiritual.

As criaturas que já estão isentas de qualquer resíduo mórbido não são capazes de nutrir o terreno para novos neoplasmas malignos.

Cortar o mal pela raiz

Daí o motivo de nossa insistência em advertir-vos de que, ante qualquer surto de enfermidade, quer se trate da mais suave intoxicação hepática ou do câncer tão temido, a primeira medicação de urgência, mais aconselhada, ainda deve ser o restabelecimento do domínio mental do enfermo e a sua urgente renovação espiritual.

Não havendo doenças, mas doentes, estes devem se esforçar o máximo possível para curar o seu espírito, embora comprovem que o tóxico descido da vestimenta perispiritual já lhes atingiu a carne, pois, assim que se extinguir o foco maligno sediado na intimidade oculta da alma, também se extinguirá a enfermidade, da mesma forma como a planta daninha morre assim que lhe cortem as raízes.

Limpeza, não castigo divino

O câncer não é prova determinantemente expiativa, para se liquidarem culpas pretéritas; é apenas uma fase do processo sideral para o espirito expurgar seus venenos, que o tornarão desventurado no Além. O fatalismo nesse caso é um só: a necessidade de se proceder à limpeza do períspirito drenando um tipo de tóxico específico elaborado nos momentos de desequilíbrios espirituais.

Desde que se pudesse efetuar essa drenação sem qualquer sofrimento, não haveria por parte de Deus qualquer propósito de impor a dor como castigo pelas faltas cometidas anteriormente. Entretanto, dentro do cientificismo da lei do carma, só existe esse meio que, ao ser empregado, provoca o sofrimento na descida das toxinas perispirituais para a carne.

Capítulo 10

Elucidações do Além

1. As almas dos genocidas e o retardo mental como terapêutica divina

Genocidas no além

As almas enfermiças e tirânicas, que semeiam a dor, a fome e a orfandade mediante suas tropelias sangrentas, frutos de excessiva ambição e orgulho, transitam no Além acompanhadas pelo cortejo dos seus velhos comparsas, que as insultam, perseguem, ameaçam e responsabilizam por todas as suas desditas. Algemadas às vítimas mais impiedosas e vingadoras, açoitadas pelas tempestades das regiões inferiores e mergulhadas nos pântanos, sofrendo os sarcasmos dos próprios espíritos satânicos que as incentivaram ao genocídio na Terra, elas vagueiam, torturadas, até o dia em que possam renascer na matéria sob a bênção do esquecimento do passado.

Alucinadas e acometidas pela incessante superxcitação e angustiado remorso, sem pouso e sem alívio, só lhes resta o recurso de encerrar o seu inferno íntimo no biombo da carne terrena, a fim de amortecerem as lembranças cruéis do passado durante a fase sedativa de inconsciência entre o berço e o túmulo físico.

Não há castigo, mas consequência

As almas desses déspotas sanguinários, vítimas da loucura, do egoísmo, da cobiça, autores do morticínio de milhares de criaturas sacrificadas para garantir-lhes a prepotência e a ambição, são como o cavalo selvagem que arremessa o seu cavaleiro ao solo, produzindo-lhe ferimentos nas quedas dolorosas.

Infelizmente, devido à vibração violenta das energias maléficas que ainda excitam-lhe o perispírito, o tirano, o conquistador sanguinário e os seus comparsas, ao reencarnarem na Terra, o trauma psíquico que os perturba violenta-lhes o trabalho harmônico das células físicas, fazendo-os nascer retardados e anormais.

Sob o violento e desordenado abalo do perispírito, alteram-se as linhas de força na composição dos genes e no ajuste dos cromossomos do corpo físico. Então o déspota surge à luz da vida terrena parvo, alienado do cérebro e dos nervos, vivendo sob a chacota e sarcasmos da mesma humanidade que tanto subestimou e prejudicou. Assim o corpo do retardado reflete as condições enfermiças do espírito brutal ali encarnado. Funcionando à guisa de um cárcere provisório que reprime os impulsos desordenados e perigosos do seu ocupante, tal qual o freio domina o cavalo fogoso e desatinado.

A terapêutica reencarnatória

As paixões violentas como a crueldade, a ambição e o orgulho que desatam as forças do instinto animal selvático, impossibilitadas de ação destruidora, vão se debilitando pouco a pouco, de modo a não voltarem a manifestar-se sob os mesmos impulsos indomáveis.

A glândula pineal, delicadíssima antena do sistema psiconervoso, "central elétrica ou usina piloto" do organismo humano, funciona, nesse caso, oprimida na sua atuação, tornando-se incapaz de transmitir com clareza a mensagem racional dirigida pelos neurônios, que constituem o aparelho receptor e transmissor do espírito pra a matéria. Nesse retardamento obrigatório, de um corpo físico tardo no seu metabolismo motor e nervoso, o perispírito enfermiço readquire, gradualmente, a sua vibração normal e a alma o seu domínio salutar.

Represando na carne o seu excesso perturbador, ela submete-se à terapêutica obrigatória do repouso vibratório, pois disciplina a sua emotividade, reprime as forças instintivas que fervilham na intimidade periespiritual, assim como o cavalo indócil, atado a pesado veículo, fica impedido dos desatinos prejudiciais a si mesmo.

Reeducação

Pouco a pouco, a alma enferma que, devido aos seus impulsos animalizados, praticou crimes, distúrbios e atrocidades coletivas no mundo físico, termina por corrigir-se dos excessos danosos sob o domínio das "grades" de um corpo físico deformado. Ela exaure-se e cansa, ante as tentativas inúteis de dominar, a seu talante, um sistema nervoso rígido e retardado, que lhe anula a coordenação dos raciocínios e a impede de usar suas forças maléficas.

As paixões tão comuns nos déspotas e guerreiros, como o orgulho, a ambição, a prepotência e a impiedade, que eles manifestam quando portadores de corpos sadios e cérebros normais, terminam arrasadas e impedidas de qualquer ação sob o organismo carnal atrofiado. As suas ideias perigosas e as emoções atrabiliárias nem chegam a ultrapassar-lhes o campo subjetivo, pois extinguem-se ou cessam por falta de um sistema cerebral nervoso correto e sensível, capaz de dar-lhes forma e ação no mundo exterior.

Contudo, não há punição deliberada para tais espíritos doentes, mas apenas a **reparação espiritual** no sentido de se ajustarem ao padrão de vida superior. O corpo imbecilizado a subjugar-lhes os impulsos homicidas, sufocando-lhes a eclosão violenta das paixões animais, constitui-se no abençoado "estágio" para a sua evolução espiritual no futuro".

2. Segunda morte

Os corpos que constituem o perispírito

O perispirito abrange o corpo mental, que serve para pensar; e o corpo astral, que manifesta a emoção os desejos, os sentimentos (entre estes e o corpo físico, situa-se o duplo etérico, corpo transitório de éter físico que se dissolve com o desencarne).

A transição definitiva para o plano mental

No mundo astral (depois de preenchida longa etapa evolutiva) ocorre uma transição completa do espírito para o plano mental, fato que a tradição oriental esotérica chama de "segunda morte". É quando o espírito abandona o corpo astral, que é o veículo revelador da emoção e ingressa no plano mental, onde passa a viver instantaneamente aquilo que PENSA e não o que SENTE. É isso, na realidade, o que se concebe como "segunda morte", embora muitos espíritos abnegados e heroicos a protelem por longo tempo, a fim de não perderem o contato com os seus tutelados na Terra.

Voltar depois é algo trabalhoso

Após a perda do corpo astral, que reflete as emoções algo terrenas do espírito, é dificílimo para este reconstruí-lo a tempo de atender a qualquer materialização ou manifestação nos trabalhos de feitos físicos. Aliás, também não compensa o consumo energético "mento-astral" e a colaboração exaustiva de entidades técnicas para procederem a uma fugaz exposição aos encarnados. Eis porque nem sempre se encontra presente nos trabalhos medianímicos a entidade que foi convocada ou se presume falar, porquanto pode faltar-lhe o elo intermediário do corpo astral, já desintegrado e somente sintetizado no átomo-semente[1], muito conhecido dos ocultistas.

Há médiuns no plano astral

O espírito então transmite a sua mensagem para aqueles que operam em esfera abaixo do seu plano de moradia, os quais, por sua vez, a transferem para os encarnados. Por isso, em cada equipe de trabalhadores desencarnados, no astral, há sempre um elemento medianímico responsável pela transmissão dos recados daqueles que não podem se manifestar diretamente na matéria.

Nota: Esses espíritos que passam pela "segunda morte" ou abandono do corpo astral, já libertos da "roda das encarnações", e que esgotaram o carma físico, não precisando mais reencarnar a não ser por missão voluntária, são aqueles aos quais Kardec se refere como "espíritos puros".

As três energias

Entre as inúmeras forças que emanam do Sol, há três que são as mais importantes e úteis para o conhecimento da humanidade. São elas: "*fohat*", que é conhecido no Ocidente por eletrici-

1 Átomo permanente que, no perispírito, guarda o registro de todas as existências multimilenares do espírito. No desencarne, quando a pessoa recorda toda a sua existência, de trás para a frente, está ocorrendo a "gravação" daquele filme existencial no arquivo imortal do átomo permanente.

dade; "*kundalini*" ou fogo serpentino, que se concentra no seio da Terra e depois flui para a periferia com alto poder criativo; e o "*prana*", vitalidade ou energia que é responsável por todas as manifestações da vida no Universo.

Prana é a vida manifestada em cada plano; é o sopro vital de cada coisa e ser. É a vitalidade em todos os planos de manifestação.

Na matéria, ele é a energia que edifica e coordena as moléculas físicas, de modo a comporem as formas em todos os reinos. Sem prana, não haveria coesão molecular.

Vários niveis de prana

Há prana espiritual que mantém a figura iniciática do Espírito no seu primeiro plano para a individualização; há prana mental responsável pela vida do pensamento, prana astral nutrindo o desejo, o sentimento e a emoção, prana etérico alimentando o duplo etérico e os chacras, assim como também há o prana físico, que enseja a ação concreta da consciência "física" ou humana.

Na contextura do mineral predomina o prana físico, e a vida nele não vai além de um adormecimento profundo; nos vegetais, principalmente os de forte odorância ou carnívoros, o prana astral equilibra-se com o prana físico, motivo pelo qual eles reagem pela irritabilidade através das nervuras ou espécie de sistema nervoso rudimentar. Nos animais, a maior proporção prânica astralina já lhes faculta uma consciência astral instintiva, tão desenvolvida conforme seja a espécie, dando-lhes, por vezes, uma capacidade de sentir quase humana.

Finalmente, o homem, que além do sentimento também é um pensador, abrange numa associação o prana físico, o astral e o mental, razão por que ele possui as faculdades de pensar, sentir e agir simultaneamente, em três planos diferentes.

O prana é o elemento que permite ao Espírito baixar do seu reino sutil até a vida física e despertar-lhe a consciência individual de "ser" e de "existir" no seio do Cosmo.

Cores prânicas

O prana físico é de cor branca, mas essa cor é a síntese de outros sete matizes diferentes, algo semelhante às cores do espectro solar. São o amarelo, o azul, o roxo, o verde, o alaranjado e dois tipos de vermelho: um destes é mais carregado e outro num tom róseo, que em certos casos emite reflexos lilases. Por isso o prana ou energia vital subdivide-se noutros matizes ao fluir pelos chacras do duplo etérico.

Os vegetais, os animais e os homens assimilam e irrigam-se de prana, como o elemento fundamental de sua vida, mas possuem uma cor em sintonia perfeita com o seu tipo biológico e suas atividades psíquicas. Enquanto Francisco de Assis desenvolveu o seu chacra cardíaco e pôde destacar-lhe a cor rósea, matriz prânico do amor, Nero, por exemplo, nutria-se de um prana vermelho sujo e arroxeado, de vitalidade extremamente sensual, vivificadora das práticas sexuais.

Cada um dos setes matizes do prana possui função distinta na vida do homem, pois enquanto o tom amarelo claro, formoso e transparente, alimenta as atividades superiores do intelecto, o amarelo sujo e opaco, de aspecto oleoso, é mais próprio do homem animalizado, cujas elucubrações cerebrais só operam nas regiões profundas do mundo instintivo.

O sublime prana branco

Só em casos raríssimos o homem seria capaz de absorver em si mesmo todo o conteúdo setenário do prana, e então adquirir a plenitude de consciência desde o mundo mental, astral, etéreo até o físico. O próprio Buda, cujo intelecto era de nível super-humano, revelava um tom dourado despedindo cintilações pelo chacra coronário, mas não manifestava, ainda, o branco absoluto da síntese total do prana.

Não temos lembrança de homem que, seja pela magia ou mediante exercícios iniciáticos, conseguisse desenvolver a capacidade de assimilar o prana em sua total manifestação setenária.

Conforme as tradições do Espaço, somente Jesus, até hoje, em alguns raros instantes de sua vida terrena e durante os seus êxtases, conseguiu revelar o aspecto níveo e imaculado do prana em sua integridade lirial absoluta.

3. Precisamos de religião?

O que é religião

O verdadeiro sentido do vocábulo "religião", na acepção panorâmica da ideia, significa, na verdade, a "religação" da criatura ao seu Criador.

Todo o esforço que o homem efetua no sentido de aproximar-se ou assemelhar-se com Deus é sempre um ato religioso, porque o transforma e eleva, isto é, o "religa" com o seu Autor.

Religião não é somente a ideia de um culto ou dever sagrado para com a Divindade, mas a mobilização dos recursos sublimes do próprio ser para, então, gozar de maior intimidade com o seu Criador. O espírito do homem encontra-se "ligado" eternamente com Deus, fonte de onde ele se originou e se alimenta. No entanto, apesar dessa "ligação" íntima e indestrutível, que o torna a miniatura portadora dos mesmos atributos da divindade, ele deve "reunir-se" ou "religar-se" com o Pai, ampliando e divinizando a sua consciência pelo entendimento completo da vida e pelo sentimento crístico incondicional.

Religião enfim, identifica um estado de espírito superior do homem quando ele procura realmente maior aproximação com a "verdadeira" natureza de Deus.

"Religiões" não são imprescindíveis

A criatura pode ser profundamente religiosa sem fazer parte de qualquer seita, credo ou igreja, pois é bem grande a diferença do estado de religiosidade que "religa" o homem ao seu Criador, pela sublimação espiritual, em vez de participar de doutrinas ou agrupamentos de homens ligados pelos mesmos gostos e simpatias. Muitos santos e gênios viveram exclusivamente para o bem da humanidade e, no entanto, não participaram de nenhum movimento sectarista religioso.

A busca do divino

É tão forte e vibrante o sentimento de religiosidade no íntimo das criaturas, independente de qualquer compromisso doutrinário ou sectarista, que muitos pecadores transformaram-se ou "religaram-se" ao Criador, depois da leitura de um livro comovente, da intuição do seu anjo da guarda ou da ternura benfeitora do próximo. Na profundidade de suas almas vibrou a ansiedade de aproximação do Pai, e não "medo" do castigo ou o dever sagrado de adorar a divindade. Entediados ou desesperados por uma existência falaz e tola, eis que um gesto, um olhar ou um convite os modificou completamente.

Maria de Magdala despojou-se de suas joias e abandonou seu palácio principesco, enternecida ante o primeiro olhar do sublime Jesus; a Pedro bastou-lhe um singelo convite para seguir o Mestre: "Vem comigo e serás um pescador de homens!". Paulo de Tarso abateu o seu orgulho destruidor ao ouvir em sua intimidade a voz terna de Jesus: "Saulo, Saulo, por que me persegues?" O jovem príncipe Sakia Muni, confrangido ante o quadro trágico de um mendigo coberto de chagas, abandonou os seus tesouros e as glórias da corte da Kapilavastu, para tornar-se Buda, o Iluminado Instrutor da Ásia e salvador de homens!

O anjo que mora em nós

A faísca divina, quando eclode na alma humana num dos seus momentos de grande ternura ou sensibilidade espiritual ateia o fogo renovador do espírito e transforma um "farrapo humano" num heroi ou um tirano num santo.

Não importam os séculos e milênios que já vivemos na matéria em contato com a animalidade, no sentido de desenvolvermos a nossa consciência e enriquecermos nossa memória sideral. No momento oportuno de maturidade e progresso espiritual, o anjo que mora em nós assumirá definitivamente o comando do nosso ser!

Capítulo 11

O Evangelho à Luz do Cosmo

1. Pecados

O que são e como funcionam

O mecanismo que cria e expurga as energias "pecaminosas" do períspirito.

Sob a análise das tabelas específicas da patogenia sideral, os "pecados" são os estados de espíritos que mobilizam fluidos densos e inferiores, muitíssimo ofensivos à delicada contextura do perispírito.

O espírito do homem opera num campo de forças sutilíssimas, ora mobilizando energias mais densas, ora mais sublimes, de acordo com a natureza dos seus pensamentos e ações. Desse modo, quando, nos estados psíquicos de paixões violentas, ele baixa o seu campo vibratório em direção à matéria, precisa convocar forças ou fluidos inferiores, compactos ou animalizados. Todas as atitudes, emoções e atividades que são mais próprias da vida física ou animal, sustentam-se numa permuta de fluidos também primários, agressivos e até ofensivos à tessitura sensível do perispírito.

Os "pecados", portanto, são estados de espírito obscuros e de baixa voltagem, que requerem no seu consumo fluidos densos e espessos, convocados de "baixo" para "cima", ou seja, do mundo animal para o mundo humano.

Tratando-se de fluidos de magnetismo muito denso, depois de usados ou consumidos pelo homem, compõem um residual indesejável, tal como a queima do querosene deixa a fuligem, que adere e oprime vigorosamente as fibras delicadas da vestimenta perispiritual.

O combustível secreto

Em analogia rudimentar, consideremos que os caminhões movidos a óleo cru gastam um combustível que deixa um residual fumarento e gorduroso, após o seu consumo, não só poluindo a atmosfera como aderindo às vestes dos transeuntes. No entanto, os aviões que se utilizam de um combustível ultrarrefinado e límpido, como é a gasolina de altíssima octanagem, expelem um residual constituído de gás carbônico e água, comuns ao próprio ar atmosférico.

O óleo cru lembra algo do combustível fluídico grosseiro e pegajoso de que o espírito do homem se serve para manutenção dos seus "momentos pecaminosos" (energia astral e mental), e depois sofre a presença do indesejável residual aderido ao perispírito. No entanto, tal qual a gasolina azul dos aviões é o fluído mais sutil usado pelo espírito nas ações e pensamentos virtuosos, que se volatiliza rapidamente, proporcionando mais energia ao perispírito sem deixar qualquer mancha, nódoa ou aderência.

Lembramos ainda que o combustível inferior da lenha sempre deixa o seu residual de cinzas, enquanto o fogão elétrico consome energia livre de qualquer ônus desagradável.

Esses resíduos ficam aderidos para sempre ao perispírito?

Essa espécie de cinza tóxica fluídica, pegajosa e primária, só pode ser expurgada do perispírito após a desencarnação do homem sob o tratamento dos charcos absorventes astralinos do Além-túmulo. Trata-se de uma providência específica, terapêutica e não punitiva. Mas, apesar do processo de cura ou purificação nos charcos astralinos, é muito difícil a absorvência completa da toxicidade do perispírito, porquanto o lodo astralino absorvente apenas soluciona a camada mais periférica do paciente. O saldo deletério das toxinas que ainda resulta da carga fluídica mórbida aderida na vida física então requer a drenagem para a própria terra, ou seja, a fonte original de onde foi mobilizada.

Como limpar a veste perispiritual

A fim do espírito drenar a sua carga fluídica nociva de vidas anteriores, ele precisa retomar nova existência física, cujo corpo carnal então passa a funcionar como um "mata-borrão" vivo, capaz de transferir o residual tóxico do perispírito para o solo terreno, depois da morte.

No decorrer de cada encarnação, o organismo carnal do homem absorve as toxinas ainda aderidas ao seu perispírito, as quais se desprendem sob a própria lei de gravidade do magnetismo específico da Terra. As toxinas que se desagregam do perispírito causam então as enfermidades do corpo carnal.

Tipos de toxinas psíquicas e as enfermidades resultantes

A crueldade, por exemplo, produz fluidos tóxicos tão corrosivos, e aderentes à alma perversa, que ao descerem ou drenarem do perispírito para o corpo físico, na próxima existência, perturbam o metabolismo neuropsíquico e causam distúrbios mentais, tais como as paranóias, esquizofrenias, personalidades psicopáticas perversas.

As impotências e esterilidades, mais afins às áreas do sistema endocrínico, podem ser efeitos do excesso de luxúria em vidas pregressas; as paixões violentas e destrutivas conduzem futuramente à epilepsia, aos ataques convulsivos.

Toda inteligência aplicada censuravelmente em proveito pessoal político, pecaminoso ou pilhagem alheia, produz futuramente as oligofrenias.

A gula estigmatiza e deforma o sistema digestivo perispiritual, ocasionando futuros distúrbios digestivos.

Os viciados em entorpecentes, no passado, como heroína, morfina, ópio, haxixe ou cocaína, e atualmente em maconha, mescalina, LSD, tanto quanto os que abusam da inteligência em desfavor alheio, sempre retornam à vida humana compondo a fauna triste e infeliz dos retardados mentais.

Finalmente, durante algumas existências acumula-se um fluido pecaminoso gerado sob os estados de maledicência, calúnia, julgamento mau, injusto, pragas, feitiços mental, verbal e através de objetos ou ritos diabólicos. Trata-se de um fluido tão pernicioso e aderente ao perispírito que a entidade necessita de duas, três ou até mais encarnações a fim de drená-lo de modo suportável. Quando esse fluido enfermiço desagrega-se do perispírito então afeta o campo celular do homem, reduz a taxa de prana, diminui a oxigenação e aumenta o carbono, lesando o núcleo das células. Tratando-se de um procedimento cármico contra o princípio criativo da própria vida, então se produz a conhecida anomalia cancerígena.

O pecado não é uma ofensa a Deus, mas ao próprio pecador, em face da ação dos resíduos patológicos de natureza psíquica, que depois infelicitam pela sua natureza opressiva.

2. Carmas familiares

Por que motivo pessoas da mesma família parecem reproduzir o mesmo tipo de carma – doenças não contagiosas, acidentes etc – que se repetem com vários de seus membros? Ramatís elucida:

A família terrena é constituída por espíritos sujeitos ao carma coletivo do próprio conjunto familiar espiritual. Sob a vestimenta carnal disfarçam-se espíritos amigos e inimigos, vítimas e algozes, credores e devedores. Em face de cada família terrena compor-se pela afinidade espiritual – ou a simpatia pelo afeto recíproco ou a injunção cármica de dívidas e culpas – em certas famílias os membros extinguem-se sob um mesmo tipo de enfermidade que surpreende os próprios médicos, uma vez que há falecimento da maioria por moléstica idêntica e não contagiosa – na realidade, é o carma coletivo!

Em verdade, a Lei Cármica reúne sob a mesma vestimenta carnal e influenciados pelos mesmos ascendentes biológicos espíritos afins, por força de culpas, deslizes, dívidas e mazelas semelhantes.

Exemplificando: comumente, uma família cujos membros sofrem acidentes ou se extinguem sob armas de fogo, às vezes de modo surpreendente, morrendo aparentemente sem culpa, atingidos por uma bala sem rumo, ou por examinar uma pistola ou fuzil, trata-se de um conjunto de espíritos em prova semelhante e provavelmente de ex-caçadores, que no passado divertiam-se em acabar com os pássaros nas florestas!

Há o carma de vários componentes de um agrupamento familiar que coincidem de morrer de câncer; isso constitui um enigma para a ciência profana, no entanto, são comparsas que operaram em desfavor do próximo por ações negativas de magia, maledicência, calúnias, prejuízos ou extrema inveja.

Em outros eventos, verifica-se que os descendentes de certa família desencarnam por afogamento, cumprindo o carma de pirataria, quando lançavam ao mar os tripulantes dos barcos apreendidos. Outras vezes, pais infelizes cumprem a desdita angustiosa de só gerarem filhos retardados, mongolóides, hidrocéfalos ou esquizofrênicos, ignorando que foram responsáveis pelo vício da cocaína, morfina ou ópio, nos espíritos dos seus próprios descendentes atuais.

3. A idade sideral

A individualização

O espírito do homem é indestrutível, porque foi criado da essência eterna de Deus. Mas, embora esteja vinculado à Consciência Cósmica, é sempre uma consciência individual que teve um princípio ou uma origem "pessoal" em certo espaço-tempo.

Em consequência, houve uma época, ou um "momento", em que o homem começou a ter noção de existir, como a criança a ter noção de si. O homem também define-se e individualiza-se no Universo como entidade a caminho de desenvolver o poder criativo, enquanto amplia a sua consciência.

O espírito do homem um dia individualizou-se sob o impulso de uma vibração centrífuga e, finalmente, se personalizou no seio da Divindade. Em seguida, prossegue no incessante crescimento psíquico, a fim de abranger cada vez maior volume da própria Mente Universal.

A idade sideral

Em consequência, o espírito do homem, embora seja eterno ou indestrutível, deve possuir uma idade sideral, a partir da época ou tempo em que iniciou a sua consciência particular e individualização no Cosmo.

Houve um tempo, ou momento, há séculos, milênios, milhões, bilhões ou trilhões de anos do calendário terrícola, em que começamos a existir como "indivíduos diferenciados" no seio da Criação.

A consciência sideral se desenvolve na sucessão de séculos, milhões, bilhões e trilhões de anos. Através do perispírito, organismo sobrevivente a todas as mortes físicas, a consciência espiritual manifesta-se em cada existência humana sem perder o acervo e a memória das experiências de todas as vidas anteriores.

Espíritos "infantis" e "adultos"

Assim, existem simultaneamente, no Universo, tanto espíritos novos e infantis como antigos e adultos, cuja graduação ou gabarito espiritual depende exatamente do tempo em que eles principiaram a ter noção de existir.

Em todos os instantes da Vida nascem, surgem ou se iniciam novas consciências, isto é, novos espíritos individualizam-se no Universo e adquirem a noção particular de existir, embora continuem vinculados sempre à fonte criadora Divina.

Deus não concede privilégios especiais, mas proporciona os mesmos ensejos de conscientização e aperfeiçoamento a todas as suas criaturas. Nenhum espírito é, originariamente, superior a outro.

Os graus inferiores e superiores que distinguem a capacidade, a inteligência e a cultura inata entre os homens são mais propriamente diferenças de idade sideral, pois não há privilégio na pedagogia divina. O troglodita, por exemplo, ainda é um espírito infantil, que mal engatinha no aperfeiçoamento de sua consciência sideral, demasiadamente imatura para impor o princípio espiritual sobre a força milenária das tendências animais. Jamais poderia manifestar um comportamento semelhante a Francisco de Assis, cuja idade sideral perde-se nos registros da história planetária de vosso sistema solar.

Do jardim da infância à pós-graduação

Quem hoje é um pecador, no futuro será anjo. Assim, Nero ainda será um Jesus, porque Jesus, alhures, pode ter sido um Nero, tanto quanto Hitler ainda será um Gandhi, porque Gandhi também poderia ter sido um Hitler. Ante o processo evolutivo, justo e sem privilégios para os filhos de Deus, a centelha espiritual mais ínfima do Cosmo um dia há de ser um Logos Solar,[1] embora essa maturidade só ocorra após a criação e destruição de alguns universos físicos.[2]

Ainda sob o invólucro de um Tamerlão ou Gêngis Khan,

1 Consciência Espiritual diretora de um sistema solar.
2 Ver *O Grande Plano da Criação*.

Deus serve-se dos atributos divinos ali existentes, e modela a criatura à sua imagem. Lenta e inexoravelmente, no residual da própria animalidade, gesta-se a consciência radiosa de um anjo e o comportamento sublime de um santo, tanto quanto do lodo malcheiroso brota o lírio ou jasmim perfumados.

As consciências majestosas e interplanetárias dos anjos e arcanjos, que iluminam e nutrem a intimidade psíquica dos orbes e dos sistemas, não passam de entidades emancipadas sob o mesmo processo espiritual e evolutivo que preside à gestação e desenvolvimento da consciência de todos os filhos de Deus.

4. Anjos e arcanjos

O anjo

Um anjo, como é a graduação de Jesus, é uma entidade espiritual que ainda pode recompor a sua "matriz perispiritual", de modo a vincular-se a um organismo carnal, através da gestação no ventre materno. Aliás, a própria Bíblia retrata essa possibilidade de os anjos ainda renascerem na matéria, conforme simboliza a imagem dos sete degraus da escada de Jacó, onde os anjos sobem e descem no simbolismo das reencarnações.

Jesus, há dois mil anos, decidiu-se pelo sacrifício estoico num corpo físico, a fim de despertar os seus tutelados para o amor.

Embora se tratasse de um anjo do Senhor, a Lei Sideral obrigava-o a dobrar suas asas resplandecentes e percorrer solitariamente o longo aminho da "via interna", até vibrar na face sombria do orbe terráqueo e entregar pessoalmente a sua mensagem de amor. Após ajustar o seu corpo mental e reativar o mecanismo complexo do cérebro perispiritual, Jesus então revitalizou o corpo astralino já inativo pela ausência das emoções e paixões humanas, a fim de vibrar novamente ao nível das atividades físicas. Integrou-se definitivamente na atmosfera do mundo físico nessa "descida vibratória", e transcorreu um milênio até corporificar-se, mais tarde, no mais encantador menino que a Terra já havia conhecido.

Jesus foi o sublime médium da entidade arcangélica responsável pela consciência espiritual do vosso orbe; espécie de elo vibratório, proporcionando a fluência do amor crístico até a capacidade assimilação da humanidade terrena.

É atualmente o governador de toda atividade espiritual, social e mesmo científica da Terra, cabendo-lhe a imensa responsabilidade de traçar os destinos dos homens.

O arcanjo

Um arcanjo não pode mais vestir a roupagem carnal, porque a sua frequência espiritual ultrapassa o campo de qualquer atividade num corpo físico. O Logos ou Cristo é o arcanjo que já abandonou, em definitivo, todos os veículos intermediários dos campos vibratórios de menor frequência, que lhe facultariam a ação no mundo material.

O termo arcanjo define a nomenclatura sideral do espírito completamente liberado das contingências encarnatórias, o qual já esgotou a tradicional "onda de vida", tão conhecida dos mestres orientais e capaz de facultar o ajuste psicofísico do mundo espiritual à matéria. Em sua intimidade sideral extinguiu-se a convenção das formas limitadas, a ideia de nascer ou morrer fisicamente, pois ele pulsa absolutamente fora do tempo e do espaço. O arcanjo já é, realmente, um estado de espírito venturoso e duradouro, um "realizado" em definitivo, que usufrui de um êxtase ou "samadhi" eterno e ilimitado. O metabolismo do arcanjo é amor puro, como um sublime condensador do amor de Deus, o qual se renova pela incessante doação de si mesmo.

Nosso Cristo ou Logos Planetário

O Cristo, o Divino Logos da Terra, é uma entidade arcangélica, anterior à existência de Jesus de Nazaré. Sua elevada frequência vibratória o torna impossibilitado de qualquer ligação ou atuação direta nas formas materiais. Daí o motivo de a Técnica Sideral ter escolhido o Espírito Jesus de Nazaré, entidade elevado gabarito espiritual e ainda capaz de atuar na face da Terra, em condições de transmitir o pensamento do Espírito Planetário.

O Cristo vivifica o vosso orbe e ilumina a humanidade terrícola, assim como acontece com os demais Cristos planetários de Júpiter, Marte, Saturno e outros orbes.

Em linguagem algo rudimentar, diríamos que os Cristos planetários são uma espécie de "transformadores" arcangélicos, que baixam a frequência da Luz Cósmica do Criador, até torná-la compatível com as necessidades de vivência das humanidades dos orbes físicos. Os Cristos ou Logos Planetários são refulgentes espíritos de arcanjos.

Os homens vivem embebidos na essência sublime do "seu" Cristo e o sentem em sua intimidade, quando em oração ou meditação, na fuga da matéria para o reino do Espírito imortal. As criaturas mais sensíveis, como os médiuns, iniciados, clarividentes, iogues e esoteristas disciplinados, seres habituados às meditações e auscultações psíquicas, às vezes identificam essa "voz oculta" ou a tradicional "voz sem som", que lhes fala silenciosa e ternamente.

Subida incessante

Não há milagres nem subterfúgios da parte de Deus; nenhuma entidade espiritual, malgrado ser um Logos Solar, poderá ensinar, orientar ou alimentar humanidades encarnadas, caso não se trate de uma consciência absolutamente experimentada naquilo que pretende realizar.

Não havendo graças imerecidas, nem privilégios divinos, os arcanjos também fizeram a sua escalonada sideral sob o mesmo processo extensível a todas as criaturas, em seu eterno aperfeiçoamento.

Se um Arcanjo ou Logos Planetário pode ligar-se ao espírito de um medianeiro, como Cristo uniu-se a Jesus, e sendo incessante o progresso espiritual, mais cedo ou mais tarde o próprio Jesus alcançará a mesma frequência e condição arcangélica.

E quando o espírito do homem alcança a condição de arcanjo, ele é, então, chamado o "Filho Sideral"; é um Cristo, cujo estado espiritual absoluto é o Amor, expressão de poder criador.

5. A túnica nupcial

Na parábola do "Festim de Bodas" Jesus refere que o convidado deveria possuir a "túnica nupcial" que lhe proporcionaria o direito de permanecer no banquete real.

Jesus explica que o rei indaga a um intruso, com certo espanto: "Como entraste aqui, sem a túnica nupcial"? A presença do "intruso" se traía frontalmente pela sua graduação inferior, uma vez que não se vestia de acordo com a identificação sublime.

Em consequência, o rei manda retirar o intruso do recinto – que simboliza o "reino de Deus", ou os planos superiores da espiritualidade, onde só pode permanecer o portador da "túnica nupcial".

A vestimenta do espírito

A "túnica nupcial" mencionada na parábola é a vestimenta do espírito, em sua última etapa de aperfeiçoamento nos mundos da forma, e assim translúcida e imaculada, a refulgir com a intensidade da luz irradiada da intimidade do ser eterno. É o produto de bilhões de anos de lutas, equívocos, amores, ódios, alegrias, tristezas, venturas, tragédias, luzes e sombras.

A "túnica nupcial" do "Festim de Bodas" corresponde ao períspirito – trata-se do corpo ou veículo imortal que preexiste e sobrevive ao falecimento do homem físico.

Através de sucessivas materializações nos orbes físicos, o períspirito, sob a ação detergente da dor e do sacrifício, do estudo e da experiência, deixa os resíduos e aderências, e purifica-se até a diafanização e a condição de maravilhosa figura alada, liberta de quaisquer influências inferiores e desimantada da atração animal – então retrata a imagem fascinante da "túnica nupcial" descrita por Jesus na parábola do "Festim de Bodas".

A verdade é uma só

O períspirito não é uma descoberta ou concepção exclusiva de Allan Kardec, mas um veículo superior, complexo e indestrutível, conhecido há milênios por todos os iniciados, sacerdotes e magos da antiguidade, como Paracelso, Pitágoras, os hindus, os atlantes, os chineses, os egípcios, os caldeus, os esoteristas, teosofistas e iogues.

Na época de suas pesquisas, Allan Kardec viu-se obrigado a uma descrição mais primária ou generalizada do períspirito, a fim de evitar que a doutrina do espiritismo, nascente, frágil e discutível, pudesse sofrer sob a metralha sarcástica do academicismo materialista e o combate fanático do Clero. A tese de um organismo imponderável portador de sistemas e órgãos fluídicos capaz de agir no mundo celestial, seria alvo de incessante zombaria dos adversários da doutrina. No século passado, salvo alguns iniciados e ocultistas mais ousados, ninguém poderia crer num organismo invisível, como o períspirito, cuja estrutura transcendental avançada faz empalidecer a usina mais complexa do mundo material.

Desde a antiguidade milenária dos Vedas o períspirito já era conhecido como um equipo complexo e dotado de vários sistemas ou veículos que atendiam às diversas necessidades e operações do espírito eterno.

Corpo mental e corpo astral

O períspirito abrange primeiramente o corpo mental, o centro de operações que aglutina, dinamiza e utiliza a substância mental do meio ambiente, a fim de o espírito raciocinar.

Segue-lhe depois o corpo astral, ou veículo astralino, que é o responsável pela manifestação das emoções humanas. Ele é dotado de órgãos e sistemas autênticos, à semelhança do corpo físico, que lhe asseguram um metabolismo de fisiologia própria.

O períspirito é um organismo diáfano e luminoso nas criaturas evoluídas, porém obscuro, grosseiro e compacto nos seres primitivos. Depois de sublimar-se, através da imensurável fileira de séculos, atinge a fulgência da vestimenta definitiva do anjo, ou seja, a "túnica nupcial".

Sujando e limpando a túnica

O fluido mais sutil usado pelo espírito nas suas ações e pensamentos virtuosos se volatiliza rapidamente, proporcionando mais energia ao períspirito sem deixar vestígios indesejáveis, tal qual a gasolina azul dos aviões, que dá mais energismo e menos resíduo poluidor, sem deixar sedimentos nocivos após o seu consumo.

O combustível fluídico grosseiro e pegajoso de que o espírito do homem se serve para a manutenção dos seus "momentos pecaminosos" lembra algo do óleo cru consumido pelos veículos pesados. Em consequência, o homem depois sofre a presença do indesejável residual aderido à delicada vestimenta do períspirito, resultando do uso de um combustível inferior extraído dos planos de vivência animal.

Essas toxinas, depois, numa futura encarnação, se desagregam do períspirito, causando as enfermidades.

Capítulo 12

Semeando e Colhendo

Esta obra é uma coletânea fascinante de contos reencarnacionistas, histórias verdadeiras que o espírito Atanagildo, discípulos de Ramatís, pesquisou nos registros cármicos do Além, para ilustrar de forma atraente e objetiva o funcionamento da lei cármica. É mister ler a obra para absorver a beleza e sabedoria desses relatos de casos; os excertos seguintes são apenas comentários elucidativos dos instrutores e socorristas, visando ao esclarecimento quanto às raízes cármicas das provações narradas.

1. A Justiça Divina não é como a nossa

A verdade é que "não cai um fio de cabelo dos homens sem que Deus saiba", e isso nos induz a crer na mais perfeita justiça e proteção aos nossos espíritos, por parte do Criador.

Em cada existência humana, resgatamos nossas culpas ou equívocos passados justamente com os comparsas a quem ferimos ou nos feriram em atividades contrárias ao bom e ao belo.

Não é olho por olho

É óbvio que ninguém é induzido fatalmente ao suicídio só porque inspirou outros a se matarem, nem há de ser desprezado só porque desprezou outrora. A Lei alicia os personagens do mesmo drama pretérito, coloca-os sob circunstâncias semelhantes invertendo, muitas vezes, a posição na carne a fim de se comprovar que o espírito receba "conforme semeou".

Os conflitos, as frustrações, as desforras ficam por conta das virtudes morais, dos sentimentos cristãos ou das paixões inferiores do ser, pois o espírito revela, na matéria, o que ainda alimenta potencialmente dentro de si mesmo.

O homem que mata o companheiro não fica estigmatizado pelo fatalismo cármico e implacável de também ser assassinado na próxima existência; mas, sendo um cidadão com afinidade de assassinatos, então elege-se para nascer no meio de criminosos. A sua vida, portanto, dependerá do comportamento que mantiver entre os delinquentes a cuja companhia faz jus pelo passado.

Se esse espírito for humilde, resignado, bom e tolerante ante os assassinos em potencial, onde irá viver, é bem maior a sua probabilidade de continuar vivo; porém, se resistir ou ferir, devolvendo insulto com insulto, desforra com desforra, é evidente que aumenta a possibilidade de ser assassinado. Portanto, não é a lei do carma que o obriga a ser assassinado, mas é a própria imprudência, obstinação e cólera, a criar condições indesejáveis para a morte violenta, como punição do passado.

É conveniente lembrarmos que não há castigo no processo de retificação cármica, mas apenas reeducação dos nossos sentimentos, no sentido de recuperarmos a ventura perdida através de nossa inteligência espiritual.

2. Os espíritos primários

Nos espíritos primários, a encarnação ainda se processa por "força de atração" da carne e não pela escolha espontânea ou consciência de obrigações assumidas nos programas de redenção espiritual.

Demasiadamente presos às reações da animalidade, eles são atraídos para o corpo orgânico pelas linhas de força do magnetismo inferior.

Vivem existência indisciplinadas e turbulentas, dirigidas exclusivamente pelos desejos e paixões. Reagem apenas pelos instintos primários, como o animal ao se defender ou atacar no seio da própria espécie, e sem qualquer intenção sacrificial.

Espíritos imediatistas, buscam só os momentos propícios à satisfação egocêntrica e prazenteira, proporcionadas pelo seu sistema sensorial desabrochado para o mundo exterior.

Sem escrúpulos ou preocupações pelos prejuízos alheios, pois não possuem a noção consciente do Bem, baixam à carne e retornam ao mundo espiritual quase inconscientes do que lhes aconteceu na existência praticamente sonambúlica.

Muitíssimo egoístas, são capazes de arrasar um tomateiro para provar um tomate. Dramatizam a gripe mais inofensiva à conta de uma consequência cósmica, mas ignoram o câncer do vizinho antipático.

O que atarmos na terra também é atado no ceu

Não há dúvida, a inconsciência e o egoísmo são estados naturais de todas as almas no princípio de formação da consciência espiritual, embora depois sejam outros tantos anjos e deusinhos. Não devemos condená-las nem repeli-las, pois tais ascendentes nós também já revelamos alhures.

No entanto, convém examinarmos as características desse tipo espiritual, antes de qualquer conluio ou requisição de seus serviços no mundo, porque depois precisamos de muita renúncia e tolerância para vivermos aturando sua bagagem inferior.

As companhias que atraímos para a órbita da nossa vida espiritual acompanham-nos em todas as transladações e vidas futuras, e seus laços culposos não devem ser rompidos, mas desatados. Elas nos perturbam mesmo quando já definimos o nosso rumo espiritual para o Norte Angélico, caso ainda não estejamos completamente libertados do magnetismo inferior.

Em nossa romagem terrena, não somos obrigados a ligar-nos com espíritos imperfeitos, primários e sem discernimento, mas seremos irremediavelmente imantados às criaturas inferiores atraídas para a nossa órbita espiritual, seja por um interesse menos digno ou imprudência. Escolhemos os companheiros e teremos de suportar, pacientemente, as ingratidões, as mazelas e as tropelias próprias do padrão espiritual inferior das almas que jungimos aos nossos destinos.

3. Carma coletivo

Um carma antigo dos tempos bíblicos

Apesar da formosa tradição sobre Davi, o salmista e filho de Salomão, do qual a Bíblia transmitiu-nos uma ideia lisonjeira, o certo é que ele também não passou de um feroz guerreiro cruel e vingativo, a trucidar mulheres, crianças e velhos indefesos. Como exemplo a esmo de suas barbaridades, eis o que se encontra em II Samuel, cap. XII-31, na Bíblia:

"E trazendo os seus moradores, os mandou serrar, e que

passassem por cima deles carroças ferradas; e que os fizessem em pedaços com cutelos; e os botassem em fornos de cozer tijolos; assim fez com todas as cidades dos amonitas; e voltou Davi com todo o seu exército para Jerusalém".

Os mesmos soldados e comparsas de Davi e autores das atrocidades relatadas, retornaram à Terra e sob a lei do "choque de retorno", expiaram como judeus, sob o jugo alemão, os crimes do passado.

Carma coletivo

O carma coletivo dos hebreus programado para o século XX terrícola refere-se aos comandantes e chefes que ordenaram impiedosas trucidações; soldados e apaniguados, executores dos massacres dos velhos, mulheres e crianças indefesas, duplamente culpados perante a Lei Cármica, porque destruíram criaturas desarmadas e pacíficas, em vez de combatentes adversos.

O detonador

Megalomaníaco e bárbaro travestido do século XX, Adolf Hitler tornou a repetir a velha história dos facínoras do passado, como Davi, Gengis-Kan, Átila, Tamerlão, Anibal, Alexandre e outros flagelos da humanidade.

Mal sabia ele que também não passava de um simples "detonador psíquico" do carma coletivo de milhões e milhões de espíritos endividados desde os tempos de Davi.

Para os Senhores do Carma, importava o clima belicoso ateado por Hitler, no qual deveriam resgatar as culpas passadas milhões de guerreiros ferozes e endividados desde os tempos bíblicos. Esses culpados de outrora também veriam as próprias casas queimadas ou arrasadas. A família trucidada, esposas e filhas desonradas; filhos esmagados contra muros ou massacrados nas pontas de baionetas; parentes fuzilados e sufocados, como o fruto da má semeadura do passado.

A Lei selecionara cuidadosamente os culpados e os colocara dentro da Alemanha e dos países que seriam invadidos pelos nazistas a fim de sofrerem o choque de retorno no seio das coletividades judias dizimadas e nos incêndios cruéis dos guetos, além de figurarem como cidadãos de outras raças trucidados na França, Polônia e Rússia.

Os senhores do carma

Os Senhores do Carma, assim conhecidos pela filosofia oriental, são espíritos encarregados de esquematizar os programas redentores dos encarnados nos processos de retificação espiritual.

Os "Senhores do Carma" ou "Mestres Carmicos" controlam cada espírito desde os primeiros bruxuleios de sua consciência através das "fichas cármicas" com o prefixo sideral da família espiritual a que pertence, acrescidas dos dados da sua graduação sempre atualizados.

O número sideral é a identificação definitiva do "espírito-indivíduo" em todas as suas encarnações e ascese sideral. É evidente que se determinado espírito chama-se na Terra João, Rafael, Júlio César ou Sócrates, isso se refere apenas à sua existência transitória na carne, não propriamente à sua verdadeira identidade espiritual, que é um número sideral permanente.

4. A verdade gradual

"O que kardec disse e não disse"

A maioria dos adeptos espíritas ainda não ultrapassou a fase cômoda da convicção ortodoxa e exclusiva daquilo que "Kardec disse". Evidentemente, eles julgam estacionado o progresso humano, após cem anos de espiritismo, e devem ignorar as pesquisas e as revelações modernas no campo do espiritualismo.

Os espíritas ortodoxos consideram incoerentes e até heréticas todas as atividades espirituais alheias à Codificação, embora assim contrariem o pensamento universalista do próprio codificador.

Perispírito

Citemos, como exemplo, o caso do períspirito, que Allan Kardec só registrou no "Livro dos Espíritos" conforme as crenças científicas comuns da época. O seu mentor espiritual só pôde responder-lhe à pergunta sobre a natureza do períspirito do seguinte modo: "Envolve (o espírito) uma substância vaporosa para os teus olhos, mas ainda bastante grosseira para nós; assaz vaporosa, entretanto para poder elevar-se na atmosfera e transportar-se aonde queira".

Nada mais foi dito além dessa singela explicação. O períspirito era somente uma "nuvem vaporosa", quando o próprio ocultismo da época já o considerava um organismo complexo e bem mais avançado do que o corpo transitório de carne,

Os rosacruzes, os teosofistas e os iogues dizem ser o períspirito portador de sistemas complexos atuando em campos energéticos sob a forma de luzes, cores, peso, temperatura, magnetismo, defesa e imunização, além do mecanismo que permite a volitação sob o impulso da mente.[1]

Aliás, a maioria dos espíritas desconhece o próprio duplo etérico, constituído de éter físico e dos centros de forças chamados chacras, o qual atua como intermediário entre o períspirito e o corpo físico.

Em consequência, os "passadistas" protestam sob a convicção de que o envoltório perispiritual deve ser apenas uma nuvem vaporosa, conforme "disse Kardec". Indubitavelmente, se assim for os desencarnados não devem passar de um bando de abelhas ou borboletas sem pouso definido a vagar pelo Espaço. Eles não compreenderam a explicação rudimentar do Codificador sobre a natureza do períspirito, que não define a sua exata realidade, mas apenas é explicação condizente com o ceticismo da época, a fim de não ridicularizar a Doutrina Espírita em seu início.

Quem disse que tudo já foi revelado?

"A revelação fez-se parcialmente em diversos lugares e por uma multidão de intermediários e é dessa maneira que prossegue ainda, pois que nem tudo foi revelado. "

"Os que transmitem e recebem (o ensino) não são seres passivos, dispensados do trabalho e da observação e da pesquisa, por não renunciarem ao raciocínio e ao livre arbítrio; porque não lhes é interdito o exame, mas, ao contrário, recomendado; enfim, porque a doutrina não foi ditada completa, nem imposta à crença cega".

O princípio da imutabilidade, que as religiões tem sempre considerado uma égide conservadora, tornar-se-á elemento de destruição, dado que, imobilizando-se, ao passo que a sociedade caminha para a frente, os cultos serão ultrapassados e depois absorvidos pela corrente das ideias de progressão.

1 O períspirito compreende inclusive dois corpos distintos: o corpo astral e o corpo mental. Sobre este, André Luis, fala em ***Evolução em Dois Mundos***, subdividindo-o em "Corpo Mental" e "Corpo Espiritual" (astral). e o demonstra especificamente em *Nosso Lar*, quando deixa seu corpo astral ali e sai, em corpo mental, a visitar sua mãe em esfera superior, retomando na volta o veículo astral. Nunca se ouve tratar desse veículo entre os espíritas. Terão receio de saber mais de sua própria realidade interna, mesmo quando lhes falam vozes abalizadas?

A imobilidade, em vez de ser uma força, torna-se uma causa de fraqueza e de ruína para quem não acompanha o movimento geral.

Allan Kardec – *A Gênese*

(...) Se suas ideias forem justas, ainda que seja num único ponto, a doutrina que procura o bem e a verdade assimilá-los-á.

Allan Kardec – *Documento da Constituição do Espiritismo.*

5. Existe espírito sem luz?

Sob um padrão ortodoxo e tradicional, a maioria dos espíritas ainda crê no conceito do espírito só "ganhar luz" depois de submeter-se aos argumentos irretorquíveis dos doutrinadores ou médiuns.

No entanto, é a mesma a quota de luz divina que existe na intimidade de todos os seres, quer sejam gênios ou imbecis, herois ou covardes, santos ou demônios, virgens ou prostitutas. Não há privilégios na criação de Deus, pois Ele não distribui a luz da vida a seus filhos visando simpatias ou lisonjas. A todos doou a luz, igual e impessoal, como emanação de Si Próprio, para a formação da consciência das criaturas".

A limpeza da lâmpada

O homem, como espírito encarnado, não precisa evoluir para "ganhar mais luz", nem morrer fisicamente para sobreviver em espírito, pois ele já vive na própria carne a posse de sua essência indestrutível.

À medida que o ser se purifica, torna o seu perispírito mais transparente e por isso irradia mais luz, assim como a limpeza da lâmpada empoeirada proporciona maior amplitude ao foco luminoso.

Deus é fundamento indestrutível da consciência humana, motivo pelo qual o Gênese assegura que "o homem foi feito à imagem de Deus" e Jesus, mais tarde, confirmou esse dístico, dizendo-nos "Vós sois deuses!".

Espírito atrasado

Espírito atrasado é apenas a entidade de perispírito muito denso, por causa da crosta de resíduos impuros ali aderidos ou petrificados sob o descontrole das paixões ou dos vícios deploráveis e da ignorância intelectual. O invólucro muito denso não deixa filtrar para o exterior a chama de luz que palpita no âmago do próprio ser.

O espírito não "ganha luz" em determinada época de sua vida, porque já é entidade modelada na luz do próprio Deus.

Quando o homem se animaliza, ele adensa a sua vestimenta perispiritual, reduzindo a irradiação de luz; mas na prática das virtudes e na aquisição de sabedoria, então clareia o seu envoltório, expandindo maior luminosidade.

Capítulo 13

A Vida Humana e o Espírito Imortal

1. O Governo Oculto do Mundo

A humanidade e seus governantes e líderes imaginam que agem com plenos poderes e modelam o curso da história a seu bel-prazer, mas há limites para o livre-arbítrio que envolve as coletividades. As grandes etapas evolutivas do planeta, como num projeto pedagógico que se preza, são programadas, induzidas e monitoradas pelo Governo Planetário, com Jesus à frente. Se assim não fosse, há muito esta humanidade já teria se destruído e destruído o planeta, em sua insanidade.

Seria uma experiência desastrosa para a humanidade terrícola, caso vivesse exclusivamente sob as diretrizes dos governos constituídos pelos homens encarnados. Aliás, nenhuma humanidade física vive sem a diretriz sábia e certa de uma Administração Sideral responsável pelo seu destino espiritual, que lhe provê todas as necessidades humanas e lhe disciplina todos os movimentos evolutivos do espírito imortal.

Na distribuição da carga espiritual que há de constituir a humanidade terrícola, a Administração Sideral do orbe escolhe certas épocas para a encarnação de espíritos benfeitores e sadios destinados a reger ou governar determinada nação ou povo. São verdadeiras intercessões de melhor quilate espiritual, a fim de que a humanidade não se atrofie num baixo nível intelectivo, artístico e moral.

Épocas de luz e de trevas

A humanidade terrena, em certas épocas, apresenta índices espirituais para melhor ou pior, comprovando que predomina em seu seio uma carga de espíritos benfeitores ou defeituosos.

Na Idade Média dominaram na Terra espíritos trevosos, cruéis e verdadeiros primatas da espiritualidade, que, no comando político e religioso do mundo, amordaçaram consciências, tolheram a liberdade, revolveram o lamaçal das paixões animais, reduziram o direito de crença e obscureceram os mais singelos ideais humanos. Após essa experiência tenebrosa em afinidade com a carga espiritual encarnada, o Alto então freou a descida em massa de espíritos de quilate diabólico e, programando a encarnação de linhagem espiritual superior, renovou a face da Terra sublimando a arte, liberando a devoção religiosa e consagrando a bela vivência da Renascença!

Assim, quando predomina um tipo espiritual mais bem credenciado entre determinado povo ou certa nação, ali também se elegem governantes inteligentes e dignos que são produtos do melhor tipo de cidadãos e administram corretamente.

A descida dos grandes instrutores

Quando os homens se mostram sensíveis a ensejos espirituais redentores o Governo Oculto do orbe então envia os seus representantes, instrutores e legisladores, que se manifestam na Terra e se adaptam ao temperamento, à compreensão e aos costumes de cada povo ou raça.

Há diversos milênios Antúlio ensinou na Atlântida os primeiros rudimentos de espiritualidade superior, fundando o "Templo da Paz" e organizando sistemas que posteriormente os essênios reviveram na Judeia; Hermes transmitiu aos egípcios os remanescentes dos conhecimentos atlantes e liderou movimentso iniciáticos, desenvolvendo a magia teúrgica e os ritos secretos de Osíris; na Índia, Rama assenta as bases das instituições bramânicas e Krishna elabora os fundamentos esotéricos da investigação espiritual; Buda, na Ásia, divulga o pensamento reto e o controle mental, ensinando o homem a dominar as paixões animais; Confúcio prega e incentiva a honestidade pura nas relações humanas; Orfeu, na Grécia, expõe a realidade espiritual através do encanto da música e da poesia; Moisés disciplina o povo judeu, impondo as leis severas da justiça de Jeová, o deus único. Finalmente, outros instrutores de menor porte mas também inspirados pela espiritualidade, deixam o seu rastro de luz em favor do terrícola, como Blavatsky, Annie Besant e Leadbeater, liderando a teosofia; Max Heindel ativando o rosacrucianismo. Finalmente Allan Kardec codifica o espiritismo, espécie de ocultismo popularizado e sob genial filosofia, e convoca os homens a rebuscar nos fundamentos da filosofia oriental as origens das leis do carma e da reencarnação; e modernamente, Krishnamurthi revive o "pensar reto" de Buda, sem o crivo do condicionamento místico e religioso.

2. As catástrofes naturais

Medicação de urgência

Dominados pelos instintos inferiores, insaciáveis na realização de todos os prazeres grosseiros e no culto da personalidade humana transitória, os homens terrenos ainda requerem a prescrição constante da medicação de urgência através do sofrimento e da desilusão.

Daí as catástrofes, tragédias e eventos como a submersão da Atlântida, de Sodoma, Gomorra, Pompeia, Herculano e outras de menores proporções, que marcam os períodos derradeiros do deboche, da revolta e irresponsabilidade humana.

Por isso, os instrutores siderais baixam periodicamente ao mundo físico, a fim de socorrer o cidadão terrícola e esclarecê-lo de que a dor e o sofrimento são apenas produtos da resistência humana, recursos utilizados para a ventura espiritual do homem.

Remédio amargo para o mal maior

Muitas iniciativas catastróficas de última hora, empreendidas pelo Governo Espiritual Oculto, têm por finalidade benfeitora salvar a tempo certas coletividades que se submergem no vórtice das paixões animais e completamente desatinadas, na perigosa atrofia do comando espiritual sobre o instinto inferior.

O erotismo, a luxúria, a vaidade, perversidade, violência, o ódio e o barbarismo destroem todos os ensejos de uma desencarnação controlada. Os terrícolas desencarnam como se fossem lançados de um veículo a centenas de quilômetros horários; aportam no Além de olhos esgazeados, enlouquecidos e completamente enceguecidos, jamais sensíveis a qualquer providência das equipes socorristas do Espaço.

Então a hecatombe, a tragédia de última hora, ainda consegue contemporizar, suster os impactos agressivos luxuriosos ou odientos. Daí o efeito benéfico e salutar de tantas catástrofes, que os mais sentenciosos chamam de "castigo de Deus" e nós, despertos para a realidade espiritual, apenas identificamos como providências salvadoras!

Como são programadas

A Terra é um planeta geologicamente primário, instável e em processo de aperfeiçoamento. Em consequência, terremotos, inundações, secas, tempestades ou vulcões são fenômenos inerentes à natureza planetária ainda em consolidação. Ademais, os homens ainda se encarregam de aumentar essa natureza indesejável da Terra, pois arrasam cidades, matas, campos, jardins, silos, pomares e reservas alimentícias, durante as guerras destruidoras.

A Administração Sideral, cujo programa demográfico é elaborado com milênios e milênios de antecedência, então distribui previamente nas zonas catastróficas os espíritos ainda carentes de corretivos ou providências retificadoras.

É uma espécie de segurança antecipada do Alto, colocando espíritos instáveis, agressivos e irresponsáveis em zonas e regiões onde é proverbial e constante a mesma instabilidade e hostilidade do meio, espécie de válvula pronta para suster os excessos perniciosos para o espírito.

Assim, tais espíritos encarnam-se sobre regiões vulcânicas, faixas de terra sujeitas a terremotos, furacões e secas periódicas onde se formam aldeias e cidades.

Não é preciso a montagem de uma carpintaria nos bastidores siderais para que se produzam acontecimentos nefastos e corretivos atendendo a providências de urgência. A Técnica Sideral, no seu esquema cármico, onde os espíritos se conjugam às nações e planetas de aperfeiçoamento espiritual, apenas distribui, na lei de que "os semelhantes atraem os semelhantes", os povos na conformidade de suas necessidades de retificação, jamais por castigo.[1]

1 Assim como em Hiroshima foram desintegrados pela bomba atômica as mesmas criaturas que, no passado a partir das histórias bíblicas, destruíam, matavam e incendiavam sob o comando dos guerrilheiros homicidas, atualmente, no

3. O carma dos políticos

O governante de uma nação ou de um povo terrícola comumente ignora a sua imensa responsabilidade assumida perante a "Adminstração Sideral", a qual realmente governa o planeta. Então se julga autorizado e independente, detentor de um "poder máximo" sobre certa coletividade, sem necessidade de prestar quaisquer obrigações para o Governo Oculto atuante do mundo espiritual. No entanto, o imperador, o rei, o governador, não passam de mordomos agraciados com a confiança divina, motivo pelo qual ser-lhes-ão exigidas depois da morte corporal as mais severas contas dos encargos na matéria. Jamais serão tolerados quando distorcem o sentido de sua governança em favor dos seus interesses particulares e do enriquecimento do "clã" familiar, pois a Lei Espiritual não lhes perdoa a mínima subversão no comando do patrimônio público!

A governança, na Terra, deriva de severos compromissos esquematizados e assumidos no Espaço pelos seus responsáveis. Após a desencarnação, cada homem presta conta dos seus feitos realizados no mundo material e é responsável pelas defecções espirituais!

Infeliz do governante terreno que, devido à sua ambição política ou inescrupulosidade, altera, perturba ou modifica a vivência dos seus governados, impedindo-os de cumprirem certas tarefas cármicas ou afastando-os dos objetivos de responsabilidade espiritual!

A vivência aí no mundo material não é produto do "acaso". A Terra, na sua função de escola de alfabetização espiritual, obedece a um planejamento vinculado às demais humanidades do sistema solar, e por esse motivo é de perfeita autenticidade o conceito popular "Não cai um fio de cabelo do homem sem que Deus o saiba!".

Um risco para os inconscientes

Por isso, o homem que ambiciona as gloríolas transitórias dos cargos políticos e públicos do mundo, que o faça de modo sensato, digno e benfeitor, pois a Lei do Carma o julgará na medida de suas realizações boas ou más. Mil vezes o ladrão que furta, na Terra, do que o administrador que trai a confiança do Alto, e

---

Vietnam, morrem sob a metralha ou o fogo incinerador outros tantos soldados, guerrilheiros e saqueadores, desde as conquistas romanas até os últimos dias.

responderá por todas as infelicidades, desmandos, injustiças e perturbações decorrentes do seu comando.

É mais perdoável perante Deus o ladrão que arrisca a vida para roubar um rádio, relógio ou galináceo, do que o governante ou político que furta detrás da escrivaninha munido de caneta em vez de gazua, e ainda protegido pelas imunidades do cargo!

Os políticos do mundo podem iludir e mistificar as criaturas que confiam em suas promessas e sofismas, mas não se livrarão das severas sanções espirituais por muitas existências posteriores.

Quem aceita ou busca a responsabilidade de gerir e administrar bens e valores da coletividade humana, que o faça de modo digno e criterioso, senão há de consumir alguns séculos na infeliz condição de calceta espiritual, cuja pena só termina com a devolução integral de todos os bens surrupiados.

4. Retrato do Brasil

Previsões de Ramatís

À medida que o povo brasileiro se espiritualizar, assimilando o racionalismo do processo reencarnacionista, ou seja, a grandeza e a amplitude moral das vidas sucessivas, o Brasil fará jus a receber novos acréscimos do Alto, que o habilitarão a ser, não somente o celeiro material do mundo, mas também um farol moral e espiritual da humanidade.

O povo brasileiro é um povo de alta qualidade espiritual. O Brasil é a mais rica sementeira cordial do futuro, o celeiro fraterno de avançados instrutores e tarefeiros espiritualistas. Em consequência, já existem os elementos fundamentais da equação algébrica espiritual para que o Brasil corresponda, realmente, ao conceito de "o coração do mundo e a pátria do Evangelho".

O povo brasileiro é humilde, paciente, intuitivo e caritativo, e sua alma versátil e agudeza mental finíssima vibram com todos os matizes religiosos do mundo e sentimentos de todas as raças!

Retrato do brasil

Aos pessimistas diante do teor político-social da sociedade brasileira atual, Ramatís esclarece:

A falta de responsabilidade administrativa, a irreverência aos acontecimentos graves e sérios, o mau comportamento político e social, a subnutrição, o marginalismo, analfabetismo e as imprevisões no Brasil ainda são próprias de um país de território tão extenso, e uma formação étnica acanhada, cuja linhagem psicofísica mal se define na sua efervescência biológica! O lastro etnológico do Brasil foi preenchido por um residual humano inferior, isto é, por desterrados políticos, criminosos indesejáveis, piratas, vândalos e escória do além-mar, que ávidos de fortuna, logo aportaram com as expedições portuguesas e espanholas às praias brasileiras.

O Brasil, no momento, mal atinge a sua puberdade como nação. Mas a religiosidade inata, o temperamento pacífico e a intuição avançada do povo brasileiro são perspectivas elogiosas que justificam-lhe o elevado conceito futuro de "coração do mundo e pátria do Evangelho".

Os seus problemas políticos, sociais e religiosos, embora complexos e perigosos, resolvem-se de modo pacífico, sem os banhos de sangue tão peculiares aos povos que ainda fervem na ebulição das paixões instintivas primárias!

A missão principal do Brasil

Cada nação terrena significa uma lição no curso de alfabetização espiritual das almas encarnadas, que nascem entre o povo mais afim às suas necessidades espirituais. O curso primário dos terrícolas abrange 28.000 anos com início na velha Atlântida e a findar, atualmente, com o exame apocalíptico do "Fim dos Tempos", que já estais vivendo.

A organização de povos ou nações obedece ao principal objetivo que lhes cabe, de ensinar na forma de lição a certo conjunto de espíritos encarnados. Assim, aprendemos ciência no Egito, comércio e navegação na Fenícia, revelação divina na Judéia, direito em Roma, espiritualidade na Índia, filosofia e beleza na Grécia, astronomia na Semúria, magia na Caldéia, arquitetura na Babilônia, paciência e estoicismo na China, amor pátrio na Pérsia. Modernamente, a Itália ensina-nos música e canto, a Alemanha química e disciplina, a Suécia o respeito mútuo, a Rússia o socialismo, os Estados Unidos a técnica e organização, e finalmente, o Brasil detém a mensagem mais avançada e terna do orbe – a fraternidade.

Em consequência, é do próprio destino que o Brasil se torne realmente o "coração do mundo e pátria do Evangelho", como celeiro da espiritualidade futura e a terra do amor fraterno! Por isso o brasileiro é um tipo temperado por todas as raças do mundo, em cujo sangue versátil circulam todos os tons do sentimento humano e as tendências estimulantes do homem-espírito!

> A missão do Brasil, "Pátria do Evangelho e Coração do Mundo", não é a de sermos todos ricos, maravilhosamente ricos; é a de sermos maravilhosamente espiritualizados. – Divaldo Franco

5. O trabalho

Dinâmica do Universo

O trabalho é a dinâmica criadora do próprio Universo e o oposto da inércia.

Os colares de astros e mundos rodopiantes no Universo provam que Deus não é uma "espiritualidade estática" ou "criador inerte", mas ativo e laborioso, numa incessante atividade em todas as latitudes do Cosmo. Os elétrons que giram em torno dos núcleos atômicos e os astros que se movem ao redor dos sois demonstram que o trabalho é a ação básica de qualquer atividade da Consciência Divina.

Deus pensa e cria o Macrocosmo; o anjo trabalha e cria o microcosmo!

Ensaio para a angelitude

Há uma ignorância do terrícola quanto à ação dinâmica e criadora do trabalho na formação indireta da consciência espiritual do homem, que lhe ativa o processo criador do futuro anjo.

O trabalho disciplina e fortalece, obrigando o homem a concentrar-se num ritmo sadio e criador, que lhe dinamiza e contextura espiritual, despertando e aflorando as qualidades latentes herdadas de Deus. É um processo ou recurso técnico de aperfeiçoamento espiritual operando no mundo de formas, que acelera a sublimidade angélica inata do ser humano.

O trabalhador comum ignora que a alma incipiente eleva a sua frequência vibratória espiritual sob a ação dinâmica do trabalho, enquanto a inércia o estagna no tempo e no espaço. O trabalho é operação que desperta o dinamismo angélico da alma e amplia a consciência espiritual para abranger maior área de manifestação do Macrocosmo.

O espírito terrícola ainda precisa ajustar-se ao trabalho rude para sobreviver na face da Terra, a fim de exercitar a sua capacidade criadora e adquirir as qualidades para viver no seio das humanidades angélicas.

O espírito do homem, como centelha que desperta e cresce individualmente no seio divino de Deus, precisa descer à carne para adquirir o conhecimento de si mesmo e usufruir o mérito de sua própria angelização.

Processo de educação do espírito

A Terra é um dos incontáveis mundos de educação espiritual primária, e nele o trabalho constitui-se no meio de o homem desenvolver suas energias primárias e preparar-se para viver futuramente em esferas superiores, até libertar-se dos mundos físico e desenvolver sua consciência para tornar-se um espírito eminentemente criador.

Apesar de exigir do homem um esforço árduo, é uma condição transitória. O labor humano adestra o espírito para a vida superior e o conduz a tarefas agradáveis e prazenteiras noutros planos.

O trabalho terrícola não é castigo nem desperdício, mas um processo de desenvolvimento. Terminado o curso na Terra, ele então pode habitar Marte, onde o principal motivo da vida é a técnica; em seguida Júpiter, o planeta da arte; e mais tarde Saturno, cuja humanidade vive para a filosofia.

Lapidação dos espíritos primários

O trabalho é uma condição providencial para o espírito primário. Preenche-lhe o tempo com uma atividade dinâmica e que o afasta obrigatoriamente de atos danosos e próprios da imaturidade espiritual. Os espíritos primários precisam ser domesticados pelo trabalho, a fim de serem dominados os seus instintos inferiores.

Por isso, a Divindade ajusta os espíritos primários aos orbes físicos, como a Terra, onde o trabalho é uma condição fundamental de sobrevivência. Ficam presos às obrigações cotidianas, sustados na excessiva liberdade ou no poder financeiro, que poderiam leva-los a atos danosos para si e para a coletividade.

O espírito encarnado na Terra, obrigado a concentrar-se no objetivo laborioso, embora indesejável, desenvolve as aptidões latentes do espírito eterno e disciplina a sua atividade criadora.

O trabalho evolui com os espíritos

O trabalho, que na Terra ainda é considerado obrigação incômoda, em planetas superiores é aceito como trabalho-missão.

O trabalho significa, intrinsecamente, apenas ação! E a mesma atividade de trabalho, que na Terra é motivo de sofrimento e símbolo de escravidão, noutros planetas é considerada ação criadora e ensejo divino para o espírito criar obras fecundas. Enquanto os terrícolas trabalham pela ambiciosa competição de lucros, sacrificando a qualidade de sua ação pelo incessante acúmulo de bens transitórios, noutros mundos os homens exercem o trabalho com absoluto desprendimento pessoal.

O homem livra-se do trabalho degradante substituindo-o por outro trabalho mais sublime, à medida que também apura a sua contextura espiritual. Trabalham os músculos da carne, quando o homem movimenta as cargas do mundo, mas o cérebro também trabalha e gasta a substância mental quando o homem pensa!

Às vezes, corretivo necessário

Realmente, é infelicidade o "trabalho escravo", quando a criatura não passa de uma maquinaria humana ou matéria-prima explorada por outros homens ambiciosos e injustos. Mas os que conhecem o processo da reencarnação, sabem que o próprio trabalho escravo é um reajuste do passado, quando a lei do carma corrige o espírito faltoso e o ajusta ao conjunto da humanidade.

Reconhecemos que a espécie de trabalho ainda existente na Terra é uma condição desagradável e algo humilhante, mas de natureza transitória e absolutamente necessária ao tipo primário do espírito terrícola.

O trabalho, seja agradável ou desagradável, digno ou degradante, vale pelo seu objetivo criador e pelo seu dinamismo atuando na intimidade espiritual do homem.

Capítulo 14

Sob a Luz do Espiritismo

É comum se ouvir pessoas reprovando mães pobres, já com alguns filhos sustentados penosamente, que engravidam de novo e dão à luz mais um cidadão miserável.

Equívoco resultante da falta de perspectiva espiritual.

Ninguém nasce pobre ou miserável por engano ou obrigado. A escola terrestre não é um parque de diversões onde só se valorize o conforto material e o deleite com os bens que o dinheiro traz. É escola, e onde cada programa pessoal só tem por objetivo o progresso que constroi a ventura do espírito. É também abençoado hospital, onde o corpo físico é o escoadouro das mazelas energéticas do espírito; e a um doente grave, pouco importa o gosto do medicamento imprescindível para seu alívio.

1. Fila para encarnar

É adequado mães paupérrimas darem à luz filhos que irão cair na maior miséria?

O destino de qualquer criatura é previamente traçado antes de sua encarnação, e a "Administração Divina" jamais elabora programas absurdos, injustos ou impossíveis. O espírito que se materializa no ventre da mulher terrena, apesar de onerado por mil dificuldades, há de viver e cumprir o seu destino, que é o resultado específico da soma das virtudes e dos vícios perpetrados em suas encarnações anteriores. Mesmo o nascituro atirado numa lata de lixo jamais perecerá à míngua, caso seja de seu projeto sobreviver e emancipar-se no seio da maior pobreza do mundo.

Então, nascer mesmo no seio da indigência é desejável?

Não há qualquer imprudência, leviandade ou negligência por parte dos mentores siderais, quando decidem sobre determinado destino humano, considerado pelos homens justo ou injusto. Tudo é examinado, programado, de modo a favorecer o encarnante quanto à sua vida espiritual, pois o resto é simples acessório de vivências carnais transitórias.

Cada homem vive o esquema necessário ao seu carma passado, quer ele venha a nascer num tugúrio infecto ou num palácio dourado. Jamais receberá proventos e favorecimentos indevidos; nunca pagará dívidas e contas que ele não assumiu.

Há uma fila de desesperados no além

Em face das reduzidas oportunidades de reencarnações para os espíritos aflitos, precisando pagar seus débitos, para eles pouco importa se renascerem no mundo físico através de mãe milionária e de elevada condição social, de mãe paupérrima e com dificuldade de sobrevivência, ou por intermédio do ventre materno de uma prostituta.

Quem necessita urgentemente de um traje protetor para cumprir suas tarefas nos ambientes terrenos, pouco se importa com a marca e a qualidade da vestimenta; mas aflige-se para envergar o mais cedo possível o agasalho capaz de aliviar a sua terrível necessidade espiritual.

Deveríamos honrá-las e respeitá-las

As mães pobres ou miseráveis que ainda oportunizam a mais um espírito o abençoado retorno ao hospital-escola terrestre receberão muito mais créditos espirituais pelo heroísmo e por evitarem o crime hediondo do aborto. Deveriam merecer da sociedade – de nós! – todo o amparo e respeito.

Elas fazem o que as classes média e economicamente alta não querem mais fazer: dar oportunidade a mais um espírito aflito, nosso irmão de humanidade, desesperado para renascer; depois do primeiro ou segundo filho, quem se dispõe a ter mais um?

Mudemos nossa ótica à luz do conhecimento da Vida Maior, e não da visão míope da sociedade que ignora o verdadeiro sentido da existência.

Respeite e honre sua funcionária, faxineira, cozinheira,

diarista ou vizinha, e estenda-lhe amoroso auxílio nesse momento em que exercerá o papel mais honroso da humanidade: o de médium da Vida.

2. O diabo? Que diabo?

É indiscutível que o homem ainda é uma entidade mais perversa e poderosa do que o lendário Lúcifer. Depois que o terrícola lançou a bomba atômica sobre Hiroshima, desintegrando mais de 120.000 japoneses ao simples apertar de um botão, o diabo deve ter tido uma crise de frustração indescritível e possivelmente ainda hoje deverá estar deitado num divã de qualquer psicanalista infernal, confundindo mais as suas ideias em conflito. A velha fórmula de se cozinhar os pecadores em caldeirões de água e azeite ferventes, afora algumas variações primárias de espetá-los em garfos enferrujados ou assá-los em molho sulfuroso, não só demonstra uma tortura muito rotineira, como demonstra a incapacidade do próprio diabo na administração infernal.

Imagem e semelhança do homem

Não há dúvida de que o Diabo é um produto mórbido da imaginação humana, pois o modelo escolhido para configurá-lo é o do próprio homem.

Em face de tantas atrocidades, crimes e impiedades da própria humanidade, é muito difícil o homem conseguir pintar um diabo muito pior e mais cruel que ele mesmo.

O mais singelo exame da história do mundo é suficiente para comprovar quanta tortura, massacre, tirania, perversidade e pilhagem norteiam a evolução. Durante as cruzadas, retalhavam vivos os "infiéis"; na "Noite de S.Bartolomeu", milhares de católicos apunhalaram os protestantes; os adversários dos doges venezianos eram colocados em esquifes de ferro com tampas eriçadas de espetos acerados; Gengis-Khan e Tamerlão amontoaram pirâmides de cabeças; a matança dos cristãos, nos circos romanos, ou na forma de tochas vivas; as chacinas monstruosas na China; os enterrados vivos no Egito; as degolas em massa na Turquia; os atrozes empalamentos dos párias na Índia; os incêndios das cidades por Átila; os milhões de judeus assassinados pelos nazistas, sob as mais bárbaras perversidades.

Os sacerdotes católicos, que tanto acusam o paranoico Belzebu, se tornaram bem piores na Inquisição, no extermínio de judeus, mouros, protestantes, hereges e maus católicos. Nos infectos porões de torturas, transformavam os infelizes em molambos esfrangalhados que depois seriam torrados nas fogueiras.

O imaginário hebreu

Na composição do inferno teológico, um produto da imaginação humana, foram ajustadas as características das torturas e dos castigos primitivos mais conhecidos naquela época.

Na intenção de impressionar fortemente a humanidade, o sacerdócio hebreu procurou estimular os homens à fuga dos pecados sob o temor de serem cozidos em caldeirões de água, cera, azeite e chumbo ferventes, ou ainda, assados entre carvões incandescentes e o enxofre sufocante, como o que realmente acontecia de mais atroz na sua época, que era o culto a Baal ou Moloch.

Projeção dos instintos humanos evoluindo para o anjo

O demônio é a projeção dos instintos animalescos humanos. Os responsáveis pela configuração do diabo cogitaram inconscientemente de fazê-lo algo humano, mas estigmatizado pelos sinais dos instintos inferiores animais.

Na figura dos chifres, o esoterista pode aperceber-se muito bem da fúria impulsiva e indomável do touro, que se traduz pela agressividade humana; os pés caprinos, são a lascívia; as asas de morcego representam a procura de ascensão ou o vampirismo; o corpo semi-humano, é o homem espírito e matéria; as garras de abutre, podem lembrar a avareza; os cascos, a violência...[1]

Satanás, em suma, é a figura representativa do próprio homem; as paixões, a lubricidade, a avareza, a violência, a brutalidade e as ambições desmedidas. Satanás é como o homem: misto de divindade (pela sua origem) e animalidade.

Satã, portanto, significa o instinto animal evoluindo para o anjo.

---

1 Outro não é o simbolismo embutido nos doze trabalhos de Hércules, que encarna a alma humana no caminho ascensional e ao longo das iniciações, tendo que vencer os instintos representados nos animais. O leão da Neméia, a ferocidade; o javali de Erimanto, a violência cega; os dejetos das cavalariças de Áugias, os resíduos das paixões sedimentadas no inconsciente; a velocíssima corça dos pés de bronze, que não se aquietava nunca, o pensamento; Gerião, o gigante de três corpos, vencido, e cujos bois são levados por Hércules, representa bem o domínio dos três corpos inferiores (etérico, astral e mental), que dominados cedem a sua força (o boi) ao espírito; e no último trabalho, Hércules domina e leva Cérbero, o cão de três cabeças guardião do Hades (o mundo invisível), significando que o iniciado vence a ilusão da morte e domina o mundo invisível. (M.C.)

Lembranças do astral inferior

O que mais justifica a crença ou temor do diabo é o fato de que todos os espíritos passam, em algum estágio de predomínio da animalidade, pelas regiões trevosas do astral inferior, guardando reminiscências temerosas das entidades sádicas dessas regiões, deformadas pelo ideomorfismo perispiritual, que trazem configurações hediondas.

Nessas zonas, predomina uma vida quase física, que é liderada por espíritos brutalizados e excessivamente vitalizados pela animalidade: falsos diabos, perversos despóticos e escravos do sexo, que escravizam as almas mais débeis e desguarnecidas pelos pecados.

Trata-se de lembranças que todas as almas trazem gravadas em sua intimidade psíquica, desde o mundo astral "trevoso" ou "infernal".

Transmutação

O diabo representa sempre a figura da própria alma, quando subverte as admiráveis qualidades de sua natureza espiritual, para se devotar apenas às paixões odiosas, à crueldade ou às impurezas da velha estirpe animal.

Na ascensão do espírito para os planos edênicos, o inferno e o diabo se tornam cada vez mais distantes e apagados, porque as zonas trevosas existentes em cada criatura principiam a ser clareadas pela luz angélica.

3. O aborto

O aborto é, no código penal da espiritualidade, crime infamante, porque destrói um organismo indefeso, e já servindo a um espírito em descenso reencarnatório.

Toda gestação, aí na Terra, é vinculada no Espaço a um programa cármico coletivo, desenvolvido através de séculos e séculos, reajustando e redimindo adversários dominados pelo ódio, pela vingança e faltas recíprocas. Em consequência, o aborto altera todo o programa de um grupo, pois além de expulsar o espírito de um plano redentor na carne, frustra o trabalho de centenas de almas submetidas ao mesmo processo.

Os que pregam o aborto

Nenhum julgamento científico ou dos entendidos pode ser levado a sério caso o seu autor desconheça estas três premissas fundamentais: vida imortal, lei do carma e reencarnação. Qualquer opinião sem o conhecimento da vida real da individualidade imortal é absolutamente falsa, incoerente e sem um fundamento plausível.

A realidade espiritual é bem severa, porque o corpo carnal do homem não é simplesmente o traje físico envergado pelo espírito: é a materialização de si mesmo, traço por traço, célula por célula, órgão por órgão. O organismo físico é o "traje vivo" em progressiva materialização dentro do ventre da mulher.

Reafirmamos ser o aborto provocado causador de lesões profundas, traição, irresponsabilidade ou crime do espírito da mãe, a qual partiu do Espaço prontificando-se a cumprir essa tarefa, afim de resgatar suas culpas passadas e auxiliar o espírito reencarnante no seu retorno à vida física.

A mais grave consequência

A mais grave repercussão do aborto é a violência, a perda de tempo e energia desperdiçados num projeto cuidadosamente elaborado para um espírito materializar-se na Terra e ressarcir-se das culpas passadas, cujo remorso o aflige constantemente na vida astral.

É impossível para o encarnado avaliar o sofrimento e o desespero da alma quando a mãe destroi o organismo carnal destinado a servir-lhe de instrumento para se livrar de seus desvios pregressos.

Mal sabem as infelizes mães abortadeiras que esse rompimento frustra um programa da mais alta responsabilidade espiritual, frustrando uma plêiade de tarefeiros do Bem, curvados e pesarosos pela ignorância humana, a ceifar de um golpe brutal a vida carnal e anímica de um ser esperançoso de encontrar a redenção de seus equívocos.

Aborto após estupro

Cada existência humana é um enredo elaborado e decorrente de acontecimento vividos no passado. Não há jamais um "fio de cabelo" de injustiça por parte da Lei Cármica. A criatura humana passa sobre o planeta colhendo os frutos da sementeira anterior. Nenhum acontecimento ou vicissitude ocorre sem algum fundamento cármico geratriz em encarnações anteriores.

A mulher que sofre o estupro e ainda é fecundada, malgrado ser vítima de revoltante ignomínia, demonstra encontrar-se desprotegida pela própria Lei infringida por ela no passado, quando provocou desditas semelhantes.

Não obstante quaisquer justificativas ou revoltas íntimas contra o fato, ainda cabe à mulher infelicitada e inconformada a tarefa de dar à luz o filho, para redimir-se de culpas pretéritas.

O estupro é um acontecimento abominável, ferindo profundamente o amor-próprio humano; no entanto, o aborto é sempre um corpo em gestação expulso do útero materno, onde se acolhia uma alma em terrível aflição psíquica.

O certo é que o aborto em tempo algum repara qualquer dano ou injustiça. A gravidez é uma determinação cármica e jamais produto acidental de um acaso, jubiloso ou triste.

Legalização do aborto

Quanto à legalização do aborto, para a grávida buscar a assistência médica em vez de se submeter a intervenções perigosas, embora se satisfaçam as necessidades imediatas do mundo, quanto à proteção da mulher na insensatez do aborto, diante da Lei Espiritual é delito matar um ser em formação, agravando a situação da mãe em futuras encarnações.

A mulher que aborta propositadamente, sem ser por decisão médica de proteção à sua vida, há de ser uma candidata na próxima encarnação à esterilidade, ao aborto incontrolável, à enfermidade genital insolúvel, ao estupro, à condição irreversível de mãe solteira e mesmo à prostituição.

Sem dúvida, há de gozar das condições atenuantes para diminuir sua culpa, ou os agravantes da vaidade, orgulho ou egoísmo.

Um ódio desperto ou renovado

É indescritível a revolta, a tristeza, a apatia ou as reações de ódio e vingança do espírito desencarnado, quando é expulso violentamente do útero materno. Subitamente desmoronam seus sonhos e ilusões, além dos sofrimentos físicos.

Quando a mãe frustra a encarnação de espírito seu inimigo pregresso, em vez de ela proteger-se do assédio dele, que receberia amor e carinho num reajuste de erros, comete a imprudência de devolvê-lo para o mundo espiritual, onde ele passa a agir em profunda revolta e com projetos de vingança. Comumente, é a fera humana enraivecida e capaz de vender a alma ao diabo, a fim de exercer a sua desforra contra a criatura que lhe negou o acesso à vida redentora.

Após o aborto e o regresso da forma feto-espiritual à condição adulta, o espírito frustrado desperta irado e tomado de incontável cólera. Transforma-se num fantasma cruel dominado por uma só ideia fixa e obsessiva: desgraçar a mulher leviana e enganadora, que terá de pagar-lhe e indenizá-lo da frustração e humilhação. Mobilizará os mais sórdidos e perversos recursos, associando-se a outras entidades atrasadas e odiosas, para ajudá-lo na vingança cruel.

A única maneira razoável de a mãe livrar-se da perseguição espiritual do "ex-filho" abortado, é aprisioná-lo novamente num corpo gerado em suas entranhas. É da lei do carma que a mãe abortadeira jamais se livra de novamente se tornar o vaso materno para gerar o corpo do mesmo espírito frustrado pelo aborto. Repetimos: "a semeadura é livre, mas a colheita é obrigatória".

4. Os caminhos do carma

> A natureza não tem recompensas nem castigos: tem consequências. (Robert Ingersoll).

Consequências do suicídio

O homem que se suicida por enforcamento ou pela bala rompendo-lhe o crânio, há de renascer de acordo com o praticado em si mesmo: com problemas mentais, surdo-mudo ou jiboso (corcunda).

Mas tudo isso acontece não em consequência de uma punição pela lei, porém por efeito de serem atos violentos e contrários à técnica criativa fundamental, pois o espasmo derradeiro do homem pendurado na forca repuxa e atrofia o tecido supermagnético do perispírito, formando o molde defeituoso para plasmar e materializar um novo corpo na próxima encarnação.

E quanto ao surdo-mudo, ele fere com a bala suicida os delicados neurônios do perispírito, matriz de todos os cérebros físicos usados nas encarnações terrenas, dificultando a confecção perfeita dessa zona de transmissão da mente e da vontade para o organismo carnal.

O usuário de drogas

O mesmo ocorre a qualquer outra anomalia praticada pelo espírito num momento de imprudência ou viciação na existência física, resultando efeitos semelhantes por se gerarem causas semelhantes.

Eis o motivo porque os toxicômanos, ao entorpecerem ou desregularizarem seu cérebro, retornam à carne em nova existência com distúrbios psíquicos de uma cronicidade imodificável, sob a figura infeliz dos aparvalhados, excepcionais, epiléticos, esquizofrênicos, com baixo nível de consciência e deficiências motrizes, na reprodução dos efeitos do tóxico – que no passado era tão somente a fuga da responsabilidade da vida, ou a tentativa inútil de usufruí-la.

A colheita cármica é rigorosamente o fruto de um conjunto de dados causais ou premissas lógicas, para soluções sensatas. Os espíritos viciados ou toxicômanos devem colher em encarnações futuras os efeitos dessa imprudência, e terão a doença exatamente conforme o tipo do psicotrópico a que se viciaram, o tempo do seu uso, a fuga deliberada das responsabilidades da vida em comum na coletividade, a falta de cumprimento de promessas antes de reencarnar, o ludíbrio e o sofrimento dos pais e da parentela onerada pelas tropelias, delinquência ou pela fuga à escola da vida.

A sexolatria – retorno ao animal em nós

Os prazeres desbragados na esfera sexual são acontecimentos em que o indivíduo extremamente sensual, lascivo e impudico vive semeando mentiras, decepções, angústias e tristes destinos na sua faina de satisfazer o instinto animal.

Assim, ele impregna a contextura delicada do seu períspirito, já vibrando em nível mais humano, com as forças primárias e densas de uma paixão mais primitiva.

Em sua queda vibratória, retarda-se a circulação etéreo-magnética do períspirito, e degrada-se a configuração num sentido regressivo à esfera da animalidade, onde domina o fluido ou energia sustentadora da luxúria; em consequência, o períspirito do homem ou da mulher extremamente libidinosos perde muito de sua qualidade e configuração humana, em favor da velha figura do animal que já estaria sendo vencida em parte.

É um retrocesso psíquico, culminando num retardo perispiritual-físico em direção a uma forma de licantropia reencarnatória, cujos traços e reações traem sempre esgares e modulações animalescas.

Pelo mesmo fenômeno, pode-se observar certas criaturas estigmatizadas no mundo físico, devido a sua matriz perispiritual plasmar-lhes a configuração física seguindo as linhas de força das paixões, viciações ou estados de espírito ao nível da animalidade. Pelo magnetismo animal, traem nas fisionomias indícios de seus sentimentos mais frequentes, nos quase predominam energias primárias, dando-lhes configurações peculiares. Ao homem de brutalidade espiritual, a sabedoria popular dá o apodo de "cara de cavalo", ao glutão de "cara de boi", ao astucioso "cara de raposa", ao avarento "cara de abutre", ou ainda ao luxurioso "cara de bode", e a mulher pérfida é cognominada "cara de cobra".

Os casos extremos

Caso se trate de uma entidade extremamente pecadora pelo excesso de lubricidade, cujo perispírito vibra na faixa do descontrole emocional e sob o domínio da animalidade lasciva, há de modelar na próxima existência física um tipo desbragado em diversos sentidos. Comumente, isso fere não só o campo cérebro-espiritual, modifica as linhas de força construtores da fisionomia humana, e produz grave vulnerabilidade psicofísica, desde o campo neurológico até o sistemas reprodutor, produzindo-se um tipo de aspecto predominantemente luxurioso, mas retardado, perigoso ou psicopata, pela característica de maldade e impiedade, pela infelicitação de mulheres vítimas de sua sanha erótica. É agravado ainda pela impotência e esterilidade, proteção da Lei para evitar a continuidade de um binômio perispiritual e físico tão indesejável.

Descontrolado pela sexualidade extravasando por todos os poros, mas impotente e com dificuldades motoras, é a criatura obscena, cuja fisionomia mais parece a tela cinematográfica projetando os "facies" dos animais mais afins da luxúria do seu pernicioso residual do perispírito. No monturo de carne deformada pela configuração grotesca no aspecto repulsivo, chocante e agressivamente sexual, jaz a figura do famigerado "don juan" afogado no próprio fluido de sua atividade anterior extremamente irresponsável.

O processo de retificação cármica dura tanto quanto seja a intensidade do fluido anômalo aderido à tessitura delicada e hipersensívsel do períspirito. Tanto é possível lograr a normalidade perispiritual, caso complete a drenação órbida sem acontecimentos imprevisíveis (como o delírio suicida, quase sempre sob a obsessão pelos adversários do passado), como necessitar de duas, três ou mais encarnações, expurgando aos poucos para o mata-borrão vivo do corpo carnal o conteúdo indesejável imantado no períspirito.

5. Prostituição

Em face da vida espiritual, é indubitável ser a prostituição um mau comportamento espiritual na matéria. Mas, também, não pode ser julgada e analisada exclusivamente por um parâmetro único essa condição humana, qualificada como delito ou pecado respectivamente pela sociedade e pelas religiões.

Mas perante as leis espirituais, a prostituição é tão somente mais uma condição que retarda a ascese espiritual do ser, pela demasiada vivência instintiva e sem engrandecer o espírito do homem.

Os mentores do vosso orbe não classificam a prostituição na lista dos pecados, mas na classe patológica das doenças da alma! Toda alma doente é infeliz, porquanto na ignorância espiritual busca sua felicidade justamente nos processos primitivos que retardam a evolução libertadora.

Culpa coletiva

A negociação dos favores femininos é resultado do instinto primitivo e da hipocrisia humana e prende-se a uma culpa genérica de toda da humanidade. Direta e indiretamente, raros seres não contribuem mental, verbal e ativamente para a continuidade desse comércio fescenino, o qual é exercido às vezes pela necessidade de sobrevivência material ou por defeitos psíquicos, o que não isenta os seus exploradores da culpa respectiva.

O amor venal é velho tema da história terrícola, e não se constitui no pior crime do mundo. Sem dúvida, é um problema inquietante, mas não o pior entre os múltiplos problemas que afetam a humanidade. A pior chaga da civilização ainda nos parece a prática nefanda das guerras. Jamais uma prostituta fez tanto mal ao mundo quanto os puritanos religiosos que autorizaram e confeccionaram a bomba atômica e seu lançamento sobre Hiroshima, os armamentistas cuja mercadoria industrial é a destruição da própria carne humana, os monopolistas que centralizam até o leite, o pão e a medicação em suas mãos avaras.

Na raiz de tudo

O pretexto da ignominiosa prostituição da mulher, criada para a santificada função de "médium da vida", não decorre exclusivamente de motivos econômicos. Infelizmente, há diversos fatores que contribuem para ela: a ignorância, inexperiência, desespero, frustração, abandono, difícil sobrevivência e mesmo tendência erótica; são produtos do maior crime cometido pelo homem – a falta de amor.

O homem terrícola ainda é um ser primário, transudando reações trogloditas à superfície do corpo. Continua o mesmo para as satisfações instintivas, malgrado disso resultem prejuízos e cicatrizes ao próximo.

Quando ele reconhecer que a mulher é acima de tudo o espelho da irmã, esposa, filha e mãe, em vez de visualizar toda mulher como um objeto de prazer, e acima da cobiça e da lubricidade manifestar amor, a prostituição diminuirá.

Reeducação

A Lei não usa a mesma medida para todas as almas, assim como não existem doenças, mas doentes. Não existem pecados, mas pecadores! No código sideral, imprudências, indisciplina ou negligência pesam na balança da justiça, assim como os atenuantes pelo bem semeado, ou os motivos insuperáveis.

Assim, a mulher que depois de seduzida e ludibriada por algum conquistador, aceita o fruto de suas entranhas, e cria o filho, malgrado culmine desesperada num lupanar, evidentemente é dignificada pelo amor e dever de mãe, mesmo ante as piores dificuldades.

A mulher prostituída e que não o faz por índole devassa, desmazelo, e não se dá à exploração de um lupanar, tendo sido atirada à vida por força de circunstâncias insuperáveis para sua capacidade, recebe o amparo da própria Lei. Em existência futura, são levados em consideração os seus dotes de bondade, humildade, resignação ou serviço ao próximo, para favorecer-lhe uma existência tranquila, como o ingresso numa comunidade religiosa, onde possa ativar os valores do espírito e eliminar pouco a pouco os fatores que contribuíram para a sua decadência anterior.

Colheita cármica

O espírito interessado exclusivamente em sua satisfação erótica, culpado de semear desventuras a jovens seduzidas por suas mentiras, a lei do carma determina que os seus descendentes no futuro sejam os mesmos outrora induzidos à lubricidade. Em vez do lar tranquilo a que não fez jus, surgem as rugas do desespero, do sofrimento e da frustração, pelas filhas com propensão para uma vida sexual irresponsável, ou filhos com passagens pela polícia por furto de veículos ou falsificação de cheques, ou pela dependência de drogas, caso ele não consiga pelo amor transformá-los.

Ou, cabendo-lhe receber como filhos as almas das jovens que ele frustrou, trabalhar arduamente para satisfazer-lhes as exigências e caprichos. Tratando-se de espíritos que sentem no recôndito da alma o ressentimento pela infelicidade sofrida por culpa do espírito que lhes é o pai carnal, permanece a frieza e uma convicção íntima de serem credores e devedores, impedindo o amor filial e a ajuda ao progenitor. O descaso e a gelidez tomam o coração dessas almas, também imperfeitas, culminando nos acontecimentos tão comuns de pais envelhecidos, doentes e pobres, desprezados pelos filhos ricos, saudáveis e duros de coração.

O APOCALIPSE: OS TEMPOS SÃO CHEGADOS

Ramatís / Hercílio Maes

164 páginas – ISBN 978-65-5727-031-8

O projeto dos Poderes Maiores para a Terra incluiu, desde sempre, a seleção de almas e a consequente promoção do planeta, num processo que já se desencadeou no mundo oculto desde 1950, conhecido como Transição Planetária.

Profetas do Velho Testamento, João Evangelista com o Apocalipse, Nostradamus, Edgar Cayce e outros videntes – mas sobretudo o próprio Jesus –, já delinearam os eventos dramáticos necessários à transformação.

Somente Ramatís, porém, em sua obra vanguardista, explicou em detalhes todos os eventos velados nos textos proféticos, e o simbolismo das imagens do Apocalipse que vêm intrigando a humanidade. Como podemos saber se "os tempos são chegados"; o que significa realmente a imagem da Besta; o que é, e qual a finalidade do astro intruso, já apontado por Nostradamus; como o eixo terrestre vai se verticalizar; em que consiste e como vai se processar a seleção dos terrícolas; como se constituirá a nova civilização do terceiro milênio. Com sua peculiar clareza e profundidade, Mestre Ramatís nada deixa por explicar, e ainda previu em seu texto, pouco antes de 1950 e quando ninguém cogitava disso, eventos como o aquecimento global e o degelo dos polos, cujas consequências elucida.

É ele ainda que explica por que razão todos os eventos catastróficos programados não se desencadearam até o final do século XX.

Esses e outros temas de vital importância para a humanidade são o foco desta obra, que traz todas as principais elucidações de Ramatís sobre a Transição Planetária, e constitui o mais completo roteiro para sua compreensão, de absoluta urgência neste momento.

O HOMEM ASTRAL E MENTAL

Ramatís / Hercílio Maes

124 páginas – ISBN 978-65-5727-063-9

Hoje é de conhecimento geral que o "períspirito" kardequiano inclui, além do duplo-etérico humano, dois veículos distintos: os corpos astral e mental. Corpos autônomos e que correspondem ao que podemos designar como o homem que sente e o homem que pensa.

Esta compilação de textos de Ramatís e Atanagildo, de diversas obras, decompõe a intimidade desses dois corpos, detalhando faculdades, poderes e funcionamento de um e outro, com o diferencial de nos trazerem o olhar e a experiência de habitantes do Invisível.

Atanagildo, na condição de espírito desencarnado, compartilha suas sensações e vivências com o corpo astral, seus órgãos, o extraordinário novo sentido da vista astral, a faculdade de volitação e os recursos utilizados no mundo astral para tratar os corpos dos recém-chegados, e narra suas experiências de treinamento para tornar-se um "espírito criador" no Invisível. Ressalta de sua narração o imperativo de desenvolvimento dos poderes mentais ainda enquanto estivermos no corpo físico.

Ramatís, como sempre facultando-nos o conhecimento de aspectos ocultos da vida e do ser, desvenda alguns mecanismos singulares que operam nos corpos astral e mental, pela ação do pensamento e das emoções, alterando as formas astrais e refletindo-se no físico. Examina os diversos níveis da mente, e as produções do corpo mental conhecidas por ondas mentais e formas de pensamento, traduzindo a expressão das diversas cores que são produzidas nos corpos internos pela ação humana de pensar e sentir. Complementa-se sua exposição com o extraordinário capítulo intitulado "Enfeitiçamento mental", em que expõe com clareza a produção e os efeitos da ação nefasta do pensamento orientado pelo sentimento inferior.

São mensagens de extrema oportunidade e vitais para a Era do Mentalismo que se aproxima.

FACE A FACE COM RAMATÍS

foi confeccionado em impressão digital, em janeiro de 2025

Conhecimento Editorial Ltda

(19) 3451-5440 — conhecimento@edconhecimento.com.br

Impresso em Luxcream 80g, StoraEnso